La Lengua Boricua II

Raymond Giovanni Ramos Rosario

AGRADECIMIENTOS Y SALUDOS

Agradecimientos y saludos aquí en la tierra o en el lugar de de paz eterna, a las siguientes personas ; a mi abuela Rosa, mi santa guerrera Titi Cuqui, mi tía Ana, mi primo Hiram (el cenizo), Tío Pelón, Titi Can, Tony San Miguel y familia, Tío Ozcar, Tío Dany, Titi Margo, Tío Cheche, Chechito, Wao,Titi Miriam, Olguita, Mayita, Titi Evelyn, Tío Rafa, Rosita, Tita, Rafi, Tío Nunor, Titi Carmín, Cristóbal,Tío Guelo, Tío Monchin, Pepe, Tata (mostrin),Tío Man y familia, Abuela Isabel, Don Flor, Samuel Rosario padre e hijo, Guga, Samuelito, Milton, Brenda, Pucho el muellero Rosario, Santi, Mama Mery, Tío Guango, Papito, Ruchi y Familia, Titi Olga, Olgui y familia, Jose, Enid, Papo (Iliam), la Gallega, mi santo negro Viking, Peloncito, Flora, Mama Tede, Davo, Tutu, Negrito, Mamito, Hiramcito(Popeye), Tole, Lidia, Efraín, Abuelo Daniel(¡te va aldel!), Charlie, Jecol, Ñeki, Wandita, Tata, Tati, Judith, Tamara, Don Félix, Elenita, Elena, Tamara la bueyona, Magui, Lico, Luchi, Mirita, Guillermito, Guga la de Davo, Davito, Karin, Robert el de Juan Eric, Papo el de Andreíta, Eric, Nilda, Demetrio, Junior Núñez y esposa, Jay, Néstor, Lissette, Carmín Robles, Chiqui Robles, Tío Angel, Tío Toto, Kiki, Alice, Glenda, Wiso, Titi Doris, Jaime, Gladys, Gara, Jaimito, Rene, Ambar, Mariel, Bruni, Tío Yanyi, Oti, Edwin, Wiki y Familia, Juanma, Bembe, Ramón, Awilda, Chiso, Ivette,

Freddy, Luis Samuel y familia, Angel Antonio y esposa, Linette y la nena, Annette, Edil y familia, Harry, Ramoncito, padrino Nando Padilla, madrina Nin, Nandín, Pito, El Gordo, Carmencita, Pitito, Javier, Melister y la nena, Toty y los nenes, Romy y los nenes, Emy, Miton, mi hermana Becky, Israelito, Israel, Maga, Raquel, Rose, Titi Rosin, Papo Pesante, Junior, Eddie, Waldy, Walterina, Lourdes, Macho, Santitos, Joe y Olga. Pero sobre todo a mi mamá, que a pesar de habérseme ido cuando yo sólo tenía 10 años y ella 27, me ha dado todo Y SIN FALLAR.

También quiero hacer mención de mis amigos y compañeros de escuela, Pepe, Onix, Petardo(Gerry), Pleto, Toro, Canito, Paco, Reinier, Yote, Tito, Isaac, Mestre (jala, jaca la lasca), Pipo, Ñiñermo, Antonio Carne e vaca, Ozzy, Bareta, Andy, Gonzalo, y Elbert. A toda mi gente de Ciales. Un saludo a Iván en el cielo; te extraño inmensamente hermano; tú fuiste mi amigo de verdad. A la gente buena de todos los residenciales de Puerto Rico; pa' lante mi gente. A mi gente de Cayey, Ponce, Manatí, Corozal, Cupey, Trujillo Alto, Morovis, Bayamón, Viejo San Juan, Río Piedras(mi cuna), La UPR, La Inter Metro y la de Ponce, a los fiebrús de Orlando, a mi gente de Isla Verde; ¡recójanse a buen vivir por Dios! Peter (nose vemos al otro lado), Andy, La Bea. A Mariam, César, Celi, Mami Carmen, Carlitos. A Michelle, Nina, Carol, Vickie, Angie y fam, Norma, David, Carlos. A Alma Rivera por el diseño de portada y a mi gente del Café de Antaño en Orlando. ¡Ea rayo; qué montón de gente! Perdonen los que se me hayan quedado, que son muchos.

Este libro es para todos ustedes; ¡pa que gocen!

GIOVANNI "El hijo de Chiqui Rosario"

PROLOGO

Hace mucho tiempo que he querido publicar algunas de mis escrituras. La decisión de empezar a publicar un diccionario informal de la lengua puertorriqueña (un verdadero diccionario boricua) me sorprendió hasta a mí. Yo siempre he sido dado a la poesía, la prosa, y la crítica social. Sin embargo, una vez que empecé a escribir términos y frases puertorriqueñas, me di cuenta que había un montón de tela para cortar(frase puertoriqueña). No sólo eso, sino que no tengo conocimiento de la existencia de un diccionario boricua que sea actualizado y refleje nuestras raíces. Todos sabemos que en nuestras venas corre sangre española, taína, y africana. Estas tres culturas a su vez fueron previamente influenciadas por otras culturas, como por ejemplo la influencia árabe en el lenguaje castellano. Un ejemplo de esto es la palabra pantalón. En partes del Mediterraneo también se le dice pantalón a esta pieza de ropa masculina. La palabra camisa viene de la palabra árabe "camìs" y significan lo mismo. Debemos recordar que los árabes gobernaron el sur de España por alrededor de 800 años y dejaron su huella para siempre en nuestra cultura.

Muchas personas me contactan y dicen que las palabras que puse en la primera edición no son exclusivamente Boricuas y tienen mucha razón. Los habitantes de la cuenca del

Caribe comparten muchos vocablos por la sencilla razón de que compartimos lazos ancestrales. La lengua boricua comparte muchas palabras con otros dialectos del español. Vamos a ver si nuestros amigos de todo el mundo hispanoparlante se animan a compartir sus dialectos con todos nosotros; imagínense poder conservar toda esa cultura para nuestros hijos.

Muchas de las palabras que van a encontrar aquí también tienen una fuerte influencia del idioma inglés y son consideradas por muchos como barbarismos. No pretendo entrar en controversias políticas, sino simplemente exponer la mayor cantidad de términos existentes.

También he incluido términos que muchos consideran como malas palabras, blasfemias y lenguaje del bajo mundo. Este lenguaje creado en las instituciones penales y el bajo mundo, ha infiltrado el lenguaje de nuestro diario vivir para convertirse en parte de nuestro acervo cultural y del diccionario boricua. Los géneros de música puertorriqueña moderna se nutren en gran parte de este lenguaje, y aunque no es del gusto de todos, tiene que ser incluido en honor a la verdad y el transfondo histórico. El no hacerlo sería un intento de dividir nuestra cultura y estancarla basada en preceptos de división social que sólo llevan a la ignorancia y la demagogia. El lenguaje soez(malas palabras) es una de las expresiones máximas y más regionalizadas de cualquier cultura. Sin este tipo de lenguaje sería casi imposible sentise parte de una cultura cuando se habla, y muchos menos expresarnos en momentos dolorosos, de coraje, o de gran emoción. ¿Quién no gritó "fua" cuando Puerto Rico le ganó a los Estados Unidos en el baloncesto internacional, o se ha soltado un "coño" en defensa de un abuso cometido contra sus seres queridos? Una gran parte de mi vocabulario se lo debo a mi crianza. Yo nací en el hospital municipal de Centro Médico (el matadero) en Río Piedras, y me crie en Ciales. Fui criado por mi mamá y su familia; los Rosario, en una finca que lleva nuestro nombre. Allí me crie tirándole piedras a los jobos, comiendo peras marayas, acerolas, ñame, yautía, cerezas, tamarindos, guayabas, almendras, corazones, mameyes, chinas, toronjas, chupando semillas de café, y escapándonos para el río a pescar guábaras. Construíamos nuestras propias chiringas, hacíamos carros de bolines, y nos tirábamos por la cuesta para abajo hasta llegar a la quebrada. Mi bisabuelo, Don Juan Rosario, era un terrateniente proveniente del barrio la Vaga entre Ciales y Morovis. Aunque nunca lo conocí, su esposa, Abuela Justa, me enseñó muchas palabras y costumbres de un Puerto Rico que hoy ya está extinto. Fue muy bonito tener tantas influencias positivas en mi vida a través de mi familia.

Pero no todas las experiencias que me enseñaron el diccionario Boricua fueron placenteras. Por lo menos diez años de mi vida se los dediqué al vagabundeo, la calle, y a la vida de bohemio . Aunque no se lo recomiendo a nadie, por los sinsabores que conlleva, me enseñó lecciones que todavía, por razones que no entiendo, no se enseñan en la universidad.

También quiero que entienda el lector que escribo las palabras y frases como suenan, no como deberían ser escritas. Tampoco soy experto en didáctica, gramática, ni sintaxis, pero trataré de hacer el mejor trabajo posible. He añadido disertaciones cortas acerca del trasfondo cultural de algunas expresiones para que el lector pueda investigar por su propia cuenta y enriquecer su conocimiento. Cabe reseñar que pronunciaciones, como por ejemplo, nuestra manera de pronunciar la "R", son peculiares de los puertorriqueños porque usamos la parte de atrás de la lengua raspada contra el paladar, para darle el sonido de la "ch" alemana, y si se encuentra al final de una palabra, la pronunciamos como una "L". Sin embargo, no pretendo que este libro sea tomado como una pieza de literatura intransigente y rígida. Los lenguajes evolucionan a causa de presiones internas y externas. Muchas veces no nos damos cuenta (expresión boricua que significa percatarse) cuántas expresiones únicas tiene la manera de hablar puertorriqueña hasta que salimos de Puerto Rico y la gente de habla hispana de otros países nos preguntan lo que significan las palabras que estamos usando. Los boricuas que viven permanentemente en Europa, EU, CentroAmérica, Sur América, Canadá, y el resto del planeta, saben de lo que hablo. Espero que disfruten leyendo el mejor diccionario boricua del mundo, tanto como yo disfruté escribiéndolo. Sin más regodeos (palabra boricua que significa demoras), aquí esta nuestra jerga popular; LA LENGUA BORICUA; ¡Cójelo que va sin yoky!

Para mi hijo Luke Anthony

- A caballo regalao no se le mira el colmillo; se le dice a alguien que se queja de lo que le han regalado.
- A ca rato: frecuentemente.
- A cada rato; frecuentemente.
- A calzón quitao; hablar francamente.
- A chavo e mortadella; estuvo muy cerca.
- A chavo e pan; muy cerca.
- A cojón partío; con tesón y determinación inquebrantable.
- A cuchillo de palo; tortura psicológica de manera lenta. Se usa para describir la manera de ser de familiares cercanos que no agreden física ni verbalmente pero lenta y constantemente propician castigo psicológico.
- A duras penas; con mucho esfuerzo.
- A fuego o a fueguillo; de manera entregada.
- A juyir crispín; echarse a correr.
- A la brava; de manera forzada.
- A la buena; de manera sutil.
- A la cañona; de manera forzosa u obligatoria.
- A la mala; hacer algo sin querer hacerlo.
- A la patá; rápido.
- A la picá; rápidamente. Tiene origen en las peleas de gallos ya que lo primero que hacen los gallos en una pelea es atacar con el pico.

- A la soltá; rapidamente. También tiene origen en las peleas de gallos ya que lo primero que se hace en una pelea de gallos es la soltá; cuando se suelta el gallo.
- A la velocidad de la peste; bien rápido.
- A las millas e chaflán; muy rápido.
- A lo culo e res; algo mal hecho.
- A lo joyo e res; algo mal hecho.
- A mal tiempo buena cara; se le dice a alguien para darle ánimos en tiempos difíciles.
- A mediados; a mitad.
- A medio pocillo; a media potencia.
- A menudo; frecuentemente.
- A nadie le apestan sus peos ni sus hijos le huelen feos; todos amamos a nuestros hijos incondicionalmente.
- ¡Aña ía!; ave María. Se usa en vez de decir que algo es bueno.
- A patita; a pies. Caminando.
- A pelito; muy cerca.
- A pelo; se dice cuando se monta un caballo sin silla o al natural.
- A pie; a pies. Caminando.
- A pique; caìdo. Ido a quiebra.
- A precio de quemazón; a bajo precio.
- A pulmón; sin ayuda.

- A pulso; con mucho esfuerzo. Hacer algo a pulso es hacer algo con gran esfuerzo y sin ayuda. Gracias a Elsa por este vocablo.
- A punto e caramelo; casi listo.
- A rajatabla; directamente.
- A regaña diente; hacer algo bajo protesta.
- A sangre fría; sin anestesia, sin compasión.
- A son de diana; a golpes. A veces se le dice a los niños que si no se comportan se les va a mandar a dormir a son de diana.
- A sus anchas; placenteramente.
- A to cojón; intensamente, al máximo.
- A to fuete; al máximo.
- A to tren; intensamente, a toda potencia.
- A todo guaraguao le llega su pitirre; siempre hay alguien más fuerte que tú.
- A tutiplén; en gran cantidad.
- Ababacharse; abochornarse.
- Abarrotao; abrumado por algo o alguien.
- Abayarde; un tipo de insecto pequeño, parecido a la hormiga. Vive en las plantas de plátanos y su picada es muy dolorosa.
- Abombachao; se dice de pantalones que quedan muy sueltos.
- Abombao; que apesta.

- Abono; fertilizante.
- Abostezar; bostezar.
- Acaramelao; se dice que dos personas están acaramelaos cuando se encuentran muy cerca y muy enamorados.
- Achicharrao; quemado. Viene de la palabra chicharrón.
- Achocao; inconciente. También se usa para describir a un hombre que esté ciego por una mujer.
- Acicalao; bien puesto. Limpio y afeitado.
- Acocar la uña; afianzarse.
- Acodo; injerto hecho entre dos plantas de diferentes especies.
- Acorralao; atrapado.
- Acurrucarse; acostarse en posición fetal. Puede ser solo o acompañado.
- ¡Adiós cará!; expresión de asombro.
- Adobao; sasonado, que ya tiene sal y otras especias y listo para cocinar.
- Adobar; sasonar.
- Afrentao; que no tiene control en la manera en que consume o quiere algo. Que lo quiere todo para sí mismo. Que coje más de lo que va a consumir. Se usa para describir exceso en consumo.
- Agriao; persona agriada.
- Agua e piringa; se usa para describir cualquier bebida no alcohólica con poco sabor. Originalmente se refería al agua que se usaba para lavarse las partes privadas.

- Agusao ; listo.
- Aguzar; afilar.
- Ahí cabe una pelea de perros; se le dice a alguien para mofarse del hecho que los pantalones le quedan demasiado grandes.
- Ahí me cojiste; no sé.
- Ahí namá; se dice cuando se escucha música con buen ritmo.
- Ahora vas a saber donde el grillo tiene la manteca; ahora es que vas a pasar momentos difíciles o cuando te vas a dar cuenta de tus errores.
- Ajilao; extenuado, cansado.
- Ajocicao; metido en algo. Completamente involucrado. Entregado. Viene de la palabra hocico.
- Ajorar la yegua; apresurarse.
- Al cantìo de un gallo; algo o alguien está al cantío de un gallo cuando se encuentra cerca.
- Al escape; de prisa, según doña Tita, la abuela de mi pana Joan Merkel.
- Al garete; alocado.
- Al palo; a la vanguardia. Muy bueno.
- Al pie de la letra; seguir las reglas estrictamente.
- Al que a buen árbol se arrima, buena sombra le cobija; se dice de alguien que se acerca a otro que le puede ayudar.
- Al que Dios se lo dio, que san Pedro se lo bendiga; se dice acerca de alguien que tiene buena fortuna.

- Al que le caiga el sallo que se lo ponga; si te toca el regaño, aplícatelo.
- Al que no quiere caldo, tres tazas le dan; cuando no quieres algo es cuando más te sucede.
- A la veldá el caso; de cierto.
- Al; haz.
- Alambique; instrumento para destilar pitorro o ron clandestino.
- Alambre de púa; el alambre que se usa para hacer cercados en el campo.
- Ale ale; dale dale. Hazlo, muévete.
- Alfagía; pedazo fino de madera.
- Alicate; herramienta, ayudante.
- Allá Marta con sus pollos; eso no es mi problema.
- Almácigo; árbol cuya cáscara se usa para hacer té que se dice cura la fiebre.
- Almud; medida de peso para contar el café.
- Amagar; atentar.
- Amamantao' ; estar muy apegado a los padres.
- Amanerao; se dice de un hombre que actúa de manera femenina.
- Amansaguapo; un arma, generalmente de un bate o pedazo de madera grueso, que se usa para defenderse.
- Amapucho; trampa política
- Amarrarse los calzones; solidificarse.

- Amelcochao; se dice que un dulce es amelcochao cuando tiene consistencia cremosa.
- Amiplín y a la madama dulce e coco; no me importa.
- Amolar; sacarle filo a algo.
- Amontonao; sin deseos de hacer nada.
- Amotetao; sin deseos de hacer nada.
- Anafre; estufa hecha con lata de galletas.
- ¡Anda pal cará!; lo mismo que anda pal carajo.
- ¡Anda pal carajo!; expresión de asombro y sorpresa.
- ¡Anda pal sirete!; expresión de asombro.
- Angela María; es correcto.
- Ansina mesmitito; así mismo.
- Antier; el día antes de ayer.
- Antojito; las cosas que las mujeres embarazadas desean comer.
- Antonces; entonces.
- Apabullar; abrumar.
- Aparatita o aparatito; un objeto para el que uno no se acuerda del nombre.
- Aparato; kilo.
- Apearse; bajarse.
- Apesta a región; huele mal.
- Apestillao; se dice de dos amantes que se encuentran muy cerca el uno del otro demostrándose cariño.
- Aplatanao; sin deseos de hacer nada.

- Apolismao; se dice de una fruta cuando se pone muy blandita. Generalmente es señal de que está pasada de su punto óptimo para consumir.
- Apretó el aguacero; se puso más intenso el aguacero.
- Aprontao; persona sin paciencia.
- Apuntársela; pasar un día sin bañarse.
- Arañitas; plátano raspado en tiritas pequeñas y presionado en bolitas y luego frito. Son deliciosas.
- Ardilla; mangosta.
- Ardillitas; un dulce o golosina muy popular.
- Arepa; fritura hecha con harina.
- Ariolito; se le dice a un niño travieso.
- Arma blanca; arma que no es de fuego.
- Armatroste; un objeto muy grande.
- Arramar; derramar.
- Arranao; recostado, cansado.
- Arranca batata; se le llamaba a las tormentas más poderosas.
- Arrancao; sin dinero.
- Arrancar de cuajo; arrancar de raíz.
- Arrayadol; radiador de automóvil.
- Arrematao; persona loca.
- Arremolinao; se dice cuando algo está en forma de remolino.

- Arresmillao; se dice de una persona que hace una expresión facial parecida a la que se hace cuando se muerde algo muy agrio.

- Arrimarse; acercarse.

- Arrinconao; atrapado o sin salida.

- Arroz ciego; arroz que casi no tiene carne adentro. Por ejemplo, se dice que un arroz con pollo es ciego si tiene poco pollo.

- Arroz con corazones; se dice de arroz que no se ha cocinado por completo.

- Arroz con culo; desorden.

- Arroz con dulce; postre hecho a base de arroz.

- Asalto; robo a mano armada. También se le dice a una parranda navideña.

- Aseguranza; póliza de seguros.

- Aserrín; el polvo que sale de la madera cuando se corta.

- Así así; parcialmente. Denota ambivalencia.

- Así murió un indio; se le dice a una persona que se dobla. Es una broma pesada con tono sexual.

- Atácate; asómbrate.

- Atocigar; hacer comer a alguien forzosamente.

- Atolondrao; desorientado.

- Atómico; persona que bebe mucho alcohol.

- Atontao; atontado.

- Atorao; atrapado.

- Atrabancao; atravesado, o que está tapando el paso.
- Atraco; robo a mano armada.
- Atracón; el acto de haber comido en exceso.
- Atragantao; cuando alguien tiene demasiada comida en la boca.
- Atripipollao; mal vestido, según Elena.
- Aunque sea; como mínimo.
- Ausubo; arbol muy sólido y de buena madera.
- Ave María; expresión de asombro.
- Avispita bonbón; se le dice a una mujer con caderas anchas y cintura pequeña.
- Ay bendito; lamento Puertorriqueño.
- ¡Ay Dios mío!; exclamación usada para expresar asombro o ternura. También se usa como queja o lamento.
- ¡Ay yos madre!; Titi Cuqui dice así cuando siente ternura por un niño.
- ¡Ay yos mío!; ay Dios mío;
- Azorao; asustado.
- ¡Azota lola!; se dice cuando se ve o se oye algo que gusta.
- Baba; saliva.
- Baboso; resbaloso.
- Babote; terreno lleno de lodo.

- Bacalaítos; harina de trigo con pedazos de bacalao adentro y luego frita.
- Bacalao; pescado muy consumido por nuestros antepasados.
- Bache; lodo. Tiene origen francés.
- Badén; depresión en la vía de tránstito.
- Bajando hasta las calabazas; se usa para describir algo fácil y desacreditar un esfuerzo que no merece mucho reconocimiento.
- Bajando santos; blasfemar.
- Bajol; anglicismo. Viene de la palabra "backhow". Es una pieza de equipo pesado usada para hacer sanjas u hoyos.
- Balandrín; hombre grande y, o, en el que no se puede confiar.
- Balleta; un pedazo de tela muy suave, usada para brillar carros.
- Bambinazo; un batazo que saca la bola del parque. Un "jonrón".
- Baquiné; servicio funeral rendido a un niño. Tradición heredada de nuestros antepasados africanos.
- Baratillo; venta a bajo precio.
- Barranco; precipicio.
- Barrecampo; un golpe con el puño dado en forma de abanico.

- Barril de bomba; instrumento de percusión usado para tocar el ritmo de la bomba. Originalmente se usaban barriles de ron para hacer el barril. El mismo se ajustaba usando cuñas de madera y sogas amarradas al cuero del instrumento.

- Barrito; espinilla en la piel.

- Barrunto; malestar físico causado por tiempo lluvioso.

- Basa; vegetación descompuesta usada para fertilizar el terreno.

- Basineta; tóilet.

- Batacrán; insulto a persona deshonesta.

- Batata mameya; batata dulce.

- Batata política; persona a quien se le da un trabajo por su afiliación política.

- Batata; trompo con una circunferencia grande.

- Batear un jonrón; hacer un hijo macho.

- Baúl; la cajuela de un carro.

- Bayo; caballo de cierto color.

- Bayoya; fiesta.

- Becerra; una vaca joven. También se le llama a un hematoma debajo de un ojo a causa de un golpe.

- Bellaqueo; el acto de calentarse sexualmente.

- Belludas; canicas.

- Bemba; labios.

- Bembe; labio.

- Bembe e trueno; insulto leve dicho a persona con labios grandes.
- Bembeteo; hablar mucho.
- Bembón; persona que tiene los labios grandes.
- Berijas; testìculos.
- Berrear; los llamados de la cría de la vaca. Se dice de una persona que canta mal.
- Besito de coco; dulce hecho con coco y azúcar.
- Betún; pasta usada para restaurar el lustre de los zapatos.
- Bicho; el pene del hombre.
- Bichonaso; golpe.
- Bichote; anglicismo de la palabra "bigshot". Se refiere a la persona que controla el trasiego de drogas en una región.
- Bien bregao; bien hecho.
- Bien cabrón; se usa para referirse a algo extremo o exagerado.
- Bien me sabe; dulce tìpico puertoriqueño hecho con coco.
- Bilì; bebida alcohólica hecha con ron y quenepa.
- Bimbazo; golpe fuerte.
- Bioco; fallo de salud repentino.
- Biruta; el polvo que sobra después de cortar madera.
- Bisorioco; desorientado, loco, fuera de orden.

- Bitear; dominar o derrotar. Anglicismo proveniente de la palabra "beat".

- Blinblineao; persona que tiene muchas prendas puestas. Anglicismo proveniente de la expresión "bling bling".

- Blinblineo; el acto de usar muchas prendas.

- Bobo; tonto.

- Boca de santo; persona que acierta sus predicciones.

- Boca de templo; persona que tiene el don de predecir el futuro.

- Bochinche; habladurías. El deporte nacional de Puerto Rico.

- Bocón; persona que no sabe mantener silencio.

- Bodega; tienda de artículos generales. Generalmente este término se usa en los Estados Unidos. En Puerto Rico se le llama colmado.

- Bodrogo; zapato grande.

- Bofe; las entrañas de una persona.

- Bofetón; bofetada, cachetada.

- Bolipul; el juego clandestino de la bolita. En Mayagüez se le dice bolipul a la bolita.

- Bolita; juego clandestino de azar. Se apuestan desde 25 centavos a una serie de tres números. Generalmente se pagan 600 dólares por cada uno que se apueste. Se pueden usar los últimos tres números de la lotería tradicional o el pega tres. Este juego se basa en un sistema de honor a las deudas de los jugadores y es muy antiguo.

- Bolitero; persona que vende los números del juego de la bolita.
- Bollo; la vagina de la mujer.
- Bolsa; funda. Bolso.
- Bomba; ritmo musical original de Puerto Rico. Música con raìces africanas.
- ¡Bomba es!; es mentira.
- Bombotó; dulce típico de Puerto Rico. Segun tengo entendido era como una galleta dulce.
- Bonche; un grupo. Anglicismo de la palabra "bunch".
- Bonete; el capó o cubierta del motor de un carro. Tiene origen francés.
- Bongó; instrumento de percusión musical. Parecen dos tambores en miniatura unidos y puestos lado a lado.
- Bonitillo; hombre bien parecido.
- Boquiguayo; camarón de río que posee palancas grandes.
- Borbotón; flujo repentino de algun líquido.
- Boricua; puertorriqueño. Esta palabra viene del nombre taíno de nuestra isla, Borikén.
- Borra; la harina de café después que ha sido usada. También se le llama a la goma para borrar la escritura con lápiz.
- Borrachito; herramienta usada para arreglar máquinas. También llamada "el universal".

- Bosa; jefa. Anglicismo proveniente de la palabra "boss".
- Botando la casa por la ventana; se dice cuando hay un evento por todo lo alto.
- Botarata; persona que gasta dinero de manera excesiva.
- Bótate; se dice que alguien está bótate cuando se ve esplendoroso.
- Botó la bola y estilló el bate; se dice cuando alguien hace algo fuera de lo ordinario. Tiene connotación negativa.
- Boto; sin afilar.
- Bravo; valiente, agresivo.
- Brega mano, o coño brega mano; es una manera de pedir un favor o de decirte que hagas lo que tienes que hacer.
- Brega con eso; es una manera agresiva de decirle a alguien que no tiene otra alternativa.
- Brete; problema.
- Brinca charco; pantalones largos que tienen el ruedo muy alto.
- Brincar cuica; un juego en el que los niños brincan una cuerda.
- Brosa; basura.
- Bruquena; cangrejo de los ríos y quebradas de Puerto Rico.
- Brutal; intenso. Muy bueno.
- Buche y pluma na más; se dice de una persona que habla mucho pero no hace nada.

- Buche y tiempo; hacer silencio y cumplir con la sentencia. Es el código de silencio de la calle.
- Buche; bocado o boca. También se le llama al saco de comida que las gallinas tienen en el cuello.
- Budín; dulce hecho con pan viejo y azúcar.
- Buen provecho; se dice a aquellos que están comiendo para desearles una buena digestión.
- Bueyona o bueyón; se dice de alguien o algo que está muy bueno. Palabra cortesía de Elena y Don Félix.
- Bufear; bromear. Aberración de gufear, que a su vez es aberración de la palabra en inglés "goof".
- Bugarrón; hombre que se prostituye con hombres homosexuales.
- Burundanga; se puede usar para describir una comida que está hecha con muchos ingredientes.
- Buscarle cinco patas al gato; buscar razones donde no hay.
- Buscón; persona tramposa.
- Caballito de San Pedro; libélula.
- Cabeziduro; persona terca.
- Cabillo; mango de bicicleta o motora.
- Cabo; se le puede decir así a un amigo. También es el mango de una herramienta.
- Cabo Rojo los produce y Mayagüez los consume; expresión sexista acerca de los hombres homosexuales del oeste de Puerto Rico.

- Cabro; homosexual segun se decía en Mayagüez
- Cabrón; hombre a quien la mujer le es infiel. Insulto grave en Puerto Rico. Te puede costar la vida, sin embargo si es dicho entre amigos cercanos en forma de broma, no es peligroso.
- Cacha; nalga. También se le dice al mango de un arma de fuego.
- Cachaco; personaje de la televisión puertorriqueña basado en un alcohólico craso.
- Cacharro; un envase pequeño de metal. En la comunidad penal de Puerto Rico se le llaman cacharros a tatuajes mal hechos.
- Cachimiro pum pum; en efectivo.
- Cachipa; la paja del coco.
- Cachola; cabeza.
- Caculo; insecto de aproximadamente una pulgada. Tiene una coraza y vuela.
- Cada cual hace de su culo un tambor y busca quién se lo toque; se explica por sí mismo. Denota que se deben respetar las preferencias de las personas.
- Cafre; chabacano. De clase baja, si es que existe alguna.
- Cagafinca; insulto de bajo calibre.
- Cagao a; igual a. Se dice que un hijo es cagao al pai, si se parece mucho a su padre.
- Cagao con mielda e chango; tener muy mala suerte.
- Cagasón; suciedad.

- Caile; ve allá.
- Cajne; carne.
- Calanco; un prieto con el bicho blanco.
- Caldo de oso; bebida alcohólica preparada en San Sebastián.
- Calle; para llevar. Un café calle es un café para llevar.
- Calzones; pantalones. La palabra pantalón es de origen árabe.
- Camarón que se duerme, se lo lleva la corriente; Proverbio usado para estimular acción.
- Cambiarle el agua al pájaro; orinar.
- Cambímbora; un hoyo, según mi abuela.
- Camello; trabajo, según nuestros hermanos niuyoricans.
- Cáncamo; la pieza que se usa para hacer ajustes a las congas o instrumentos de percusión.
- Cañita; ron clandestino hecho en casa.
- Cano; hombre con el pelo rubio.
- Cañona; una trampa o emboscada.
- Cantalicio; era un personaje de los anuncios de la Cervecería Corona.
- Capá blanco; árbol de buena madera puertorriqueña.
- Capá prieto; árbol de buena madera puertorriqueña.
- Capotear; tener sexo oral.

- Capuchino; chiringa pequeña hecha con una hoja de papel e hilo de coser. También puede referirse al café hecho al estilo italiano.

- Carabelita; algo de baja calidad.

- Carajo; mala palabra usada cuando uno se da un golpe o para expresar coraje. Se dice que el carajo era la parte más alta de un barco de velas.

- Caramba; se dice por no decir carajo.

- Carambola; fruta estrella. También se le llama a un tipo de juego en la mesa del billar. También se le dice a la suerte.

- Carcacha; carro en malas condiciones o muy viejo.

- Cardan; el eje que transmite la fuerza desde la transmisión hasta el eje de las ruedas de un carro.

- Careo; se usa para provocar los gallos a pelear.

- Caripelao; persona que no se abochorna.

- Carne bif; anglicismo proveniente de "corned beef".

- Carne e puerco; persona indeseada y de mala actitud.

- Carpiocruz; Kapikú.

- Carretera; vía de tránsito. Se le llama así porque antes era usada por carretas haladas por caballos.

- Carro; vehículo de motor con cuatro ruedas. También se le dice a la pieza donde está montado el barril de una pistola.

- Casar un gallo; seleccionar un gallo rival para un gallo de pelea.

- Casarse por el padre monte; llevarse a la novia sin permiso de los padres.
- Casave; comida preparada con la yuca.
- Cascajo; piedra de río molida. Se usa para la construcción.
- Cáscara; se le dice a alguien que no es muy útil.
- Cascarazo; un golpe.
- Cascarrabias; persona que se molesta con facilidad.
- Casco; cabeza.
- Casi casi; falta poco.
- Caso; olla pequeña.
- Casquibache; objeto de poco valor o que no sirve.
- Casquitos de guayaba; dulce típico puertorriqueño hecho con guayaba.
- Castao en rejón; de buena crianza. Se usa para describir los buenos gallos y para los hombres bravos.
- Castao hasta los ojos; describe un gallo de buen linaje.
- Castar una gallina; poner a una gallina con un gallo para que hagan pollitos.
- Catimba; una golpiza.
- Catrueca; cabeza.
- Cayó esplayao; se dice de una persona que sufre una caída sin control.
- Cayó reventao; tuvo una caída fuerte.

- Cebao; gordo. Se usa para describir el ganado o alguien que está sobrepeso.

- Cejarse; echarse hacia atrás.

- Cemí; escultura taína en piedra. Se hacía en honor de los dioses taínos.

- Cencerro; también se le dice campana. Originalmente se le amarraba a las vacas para que hicieran ruido y no se le perdieran al dueño. Eventualmente la gente empezó a usarlo como instrumento musical, especialmente en la música de salsa.

- Cepa; grupo, origen, raíz.

- Cerquillo; recorte de pelo bien corto o el acto de podar las esquinas de la grama.

- Cerrar con broche de oro; acabar de manera placentera.

- Cetí; pez pequeño que baja anualmente por el río de Arecibo y que se usa para hacer diferentes platos deliciosos en Puerto Rico.

- Chabacanería; algo vulgar.

- Chabacano; vulgar.

- Chambón; zapato grande.

- Champions; zapatillas o calzado deportivo. Se le decía así porque la marca más vendida era Champion.

- Champola; bebida hecha con guayaba y leche.

- Chamusqueao; puede referirse a oler mal, o a estar cansado.

- Chancla; sandalia.

- Chancleta; hembra o sandalia.
- Chanforeta; la vagina de la mujer de acuerdo a Titi Can.
- Changó; deidad de la religion yoruba(santería). También se le dice a Santa Bárbara. La historia es que cuando los españoles trajeron esclavos del oeste de Africa, los mismos trajeron consigo su religión y lenguaje. Sin embargo, los españoles les prohibieron hablar sus lenguas nativas y adorar a sus Dioses. También los obligaron a adoptar la religión cristiana y católica. Los africanos decidieron que iban a venerar a los santos y las vírgenes de sus captores y secretamente asignar los nombres de sus Dioses a las deidades de sus opresores. Ochún era la virgen de la caridad del cobre, Yemayá era la virgen de regla, etc.
- Chango; pájaro pequeño parecido al cuervo negro.
- Changüì; oportunidad. En Mayagüez, darle changüì a alguien es darle una oportunidad.
- Chapotear; dar golpes al agua cuando uno está nadando.
- Chapucero; persona que hace trabajo de baja calidad.
- Chapuzón; describe el acto de meterse en el agua.
- Charquero; se dice cuando hay mucha agua depositada en una superficie.
- Charrascaso; mordida.
- Chata; un boxeador usado para entrenar a otro boxeador.
- Chavar la marrana; molestar.
- Chavar la pita; molestar.

- Chavar; molestar.
- Chenchito; monedas sueltas.
- Chequi molina chequi molina jue, que adonde estará ese ritmo caramba, del merecumbé, un pasito alante, otro para atrás, y dando y dando la vuelta quién se quedará.; es una canción que es parte de un juego que se jugaba en la escuela.
- Chévere; bueno.
- Chichaíto; bebida mezclada de ron blanco y anís.
- Chichar; tener sexo.
- Chicharra; herramienta usada para reparar máquinas.
- Chicharrón; la grasa del puerco frita y salada para comer.
- Chiclao; hombre con un testículo. También se le dice chiclán.
- Chiforóber; armario para guardar ropa.
- Chijí chijá; etcétera, etcétera.
- Chilla; la amante de un hombre casado.
- Chimba; una montaña de paja y vegetación utilizada para hacer carbón natural.
- Chimiqüín; algo o alguien pequeño.
- China; naranja.
- Chinchorro; negocio pequeño.
- Chingar; tener sexo.
- Chinguín chinguín; caminando con calma.
- Chino de río; piedra de río.

- Chipi chape; algo de baja calidad. Proviene de la palabra "cheap" en inglés.
- Chiquichiqui; tener sexo.
- Chiringa; cometa, papalote.
- Chiripa; trabajo pequeño que se hace para ganarse unos cuantos pesos.
- Chiripear; hacer trabajos pequeños para ganarse la vida.
- Chisme; habladurías.
- Chispetazo; cuando un líquido sale con fuerza y cae sobre una superficie.
- Chiste colorao; chiste que habla de sexo.
- Chiste mongo; chiste que no da risa.
- Chiva; cuando se deja a los oponentes sin anotar puntos en el juego. Generalmente se refiere al juego del dómino. También puede referirse al vello facial que crece en el mentón.
- Chocha; la vagina de la mujer.
- Chola; cabeza.
- Choretos; quiere decir que hay muchos.
- Chorno; hijo de tataranieto.
- Chorra; manantial de agua pequeño.
- Chota; se le dice a persona que delata a sus cómplices del crimen. En el bajo mundo estas personas son muy odiadas y si son descubiertos, generalmente las consecuencias son graves.
- Chubasco; aguacero corto.

- Chuchin; muy bueno.
- Chucho; se le dice a algún objeto del cual se desconoce el nombre.
- Chulebaca; chuletas con bacalao. Se lo inventó mi primo Viking en la Barriada Rosario. Es sabroso.
- Chulería en pote; bueno.
- Chulería; algo muy bueno.
- Chuleta; corte de carne del cerdo.
- Chulisnaquin; algo placentero o bueno.
- Chulo o chula; originalmente se usaba para describir la persona que estaba a cargo de las putas o putos. Hoy día se usa para describir a alguien o algo a lo que se le tiene cariño o admiración. También puede significar atractivo, dulce, amable, todo en una palabra.
- Chumbo; personas que tiene nalgas pequeñas. Si es mujer se le dice chumba.
- Chupacabra; animal cuya existencia todavìa no ha sido cientìficamente comprobada y que se dice mata las cabras y las gallinas chupándole la sangre.
- Chúpate esa en lo que te mondo la otra; se le dice a alguien después de haberlo insultado o haberlo confrontado.
- Chupisopla; se usa para describir un aditamento al que no se le conoce el nombre.
- Chupón; un beso fuerte. También se le dice a las marcas cuando uno le chupa la piel a alguien. Generalmente es

en el cuello. Sinónimo de jiki. También se usa para nombrar lo que queda de la china(naranja) después que uno termina de chuparla. También se le llama a las flechas de succión que dispara de una pistola de juguete.

- Cicote; mal olor que sale de los pies.
- Cidra; fruta cítrica parecida a la toronja. Sabe muy agria y se hace un dulce de su cáscara que es muy gruesa.
- Cilforol; aire o delirio de grandeza.
- Cinco tres; sin cojones me tiene y tres carajos me importa. Manera agresiva de decir que no me importa.
- Clavar la uña; hecharse a correr o acelerar fuertemente.
- Clavar; tener sexo.
- Clavo; escondite. Se dice que se hace un clavo cuando se esconde o se guarda algo en un lugar secreto.
- Cloche; la cremayera de la transmisión de un carro. Anglicismo proveniente de la palabra "clutch".
- Chulería en pote; bueno.
- Coche; los boricuas le decimos coche al carrito donde se transportan los bebés. La mayorìa de nuestros hermanos de habla hispana le dicen coche a un carro o automóvil.
- Coclaina; objeto para el cual no se sabe el nombre.
- Coco; cabeza. También se le puede decir a la tapa del distribuidor de la inición de un carro.
- Cocolía; cangrejo de las costas de Puerto Rico. En algunos lugares se usa este nombre para describir la parte privada de la mujer.

- Cocolo; persona fanática de la música de la salsa. También puede referirse a una persona de piel negra.
- Cocotazo; golpe en la cabeza con los nudillos.
- Cocorote; el jefe, el que tiene el poder.
- Cocotear; pelear con los puños.
- Cogoyo; el punto más alto de un árbol.
- Cohete quemao; se dice de un boxeador en el ocaso de su carrera.
- Cohetes: dinero.
- Coítre; yerbajo que se le da de comer a los conejos.
- Cójelo que va sin yoqui; se usa para describir a alguien que ha perdido el control o que va muy rápido.
- Cojer de mangó bajito; aprovecharse de alguien.
- Cojer de palito e cagar; aprovecharse de alguien.
- Cojer de pendejo; hacerle una trampa a alguien.
- Cojer de punto a alguien; hacer bromas acerca de alguien mientras la persona está presente.
- Cojer fiao; comprar a crédito.
- Cojer pon; agarrar un aventón.
- Cojerle el golpe; acostumbrarse. Aprender a hacer algo correctamente.
- Cójete un buche e tachuelas; cállate.
- Cojones; testículos.
- Cojotrónico; algo muy avanzado y espectacular, según mi tío Ozcar.

- Colgarse; no pasar una clase en la escuela.
- Colguete; sustantivo que indica no haber pasado un examen o alguna clase en la escuela.
- Colibrí; ave pequeña con pico alargado que toma el nectar de las flores. Tambien se le llama Zumbador. Esta palabra parece ser de origen alemán.
- Colilla; el filtro del cigarrillo.
- Colin; machete. Viene de la marca de herramientas "Collin".
- Collera; insulto.
- Colmado; tienda de víveres en los barrios de Puerto Rico. En los Estados Unidos se le llama bodega.
- Comadrona; mujer diestra en asistencia de partos. Hasta mediados del siglo veinte la mayoría de los partos en las zonas rurales de Puerto Rico se hacían con comadrona.
- Comay; comadre.
- Combinao; vestido con colores que se parecen uno al otro.
- Comején; insecto que hace casa en los árboles. Las estructuras son parecidas a bolas negras en las ramas de los árboles.
- Comelata; una cena con mucha comida.
- Comelibro; persona muy estudiosa.
- Comer culo; tener sexo anal. También se usa para describir el proceso de derrotar contudentemente.
- Comer jobos; faltar a la escuela.

- Comer mameyes; faltar a la escuela.
- Comisaria; la compra de los confinados. Viene del inglés, "commissary". También se le dice a la tienda donde los militares hacen compra.
- Como agüita para chocolate; enfadado. Caliente.
- Como alma que lleva el diablo; muy rápido.
- Como banchi robao; abusar de alguien o algo.
- Como carne abombá; a bajo precio.
- Como chinche e presidio; estar harto de comida.
- Como cucaracha en baile e gallinas; se dice de alguien cuando se siente nervioso, asustado, o incómodo en algún lugar. Hace referencia al hecho de que las gallinas se comen a las cucarachas.
- Como dos pascuas; dos personas riéndose a carcajadas.
- Como el cabro e totito; que tiene deseo sexual. Se dice que alguien está como el cabro e totito si tiene deseo sexual muy grande.
- Como espalda e caculo; no tener dinero. Estar pelao. También puede referirse a algo liso, brilloso, o sólido.
- ¿Cómo estamos?; ¿cómo estas?
- Como garrapata en culo e yegua; estar harto de comida.
- Como guineo en boca e vieja; que entra suave.
- Como hachuela e indio; excelente. En muy buenas condiciones.
- Como mapo e presidio; con el pelo alborotado.
- Como nena e quince; muy bonito o bonita.

- Como paja; en gran cantidad.
- Como pandereta de aleluya; darle sin piedad a algo o alguien.
- Como pandereta e culto; se dice cuando se le da duro a alguien o a algo.
- Como pato amarrao; se dice cuando uno evacua mucho.
- Como pillo e película; darle duro a alguien o algo.
- Como potro e pesebre; que tiene deseo sexual.
- Como puerco suelto en el monte; andar sin control.
- Como quien no quiere la cosa; cuando alguien hace algo escondiendo el gran interés que tiene.
- Como sapo e letrina; estar harto de comida.
- Como sobaco e bruja; con el pelo alborotado.
- Como tapia; muy sordo.
- Como trapo e plancha; muy borracho o ajumao. Se dice porque en tiempos de antes las planchas de ropa se calentaban con carbón y se usaba un pedazo de tela(trapo) para limpiarlas antes de usarlas. El trapo recojía el humo que se le pegaba a la plancha para que no manchara la ropa.
- Como tuerca; borracho.
- Como un cañón; fuerte.
- Como un guayacán; sólido.
- Como un roble; muy fuerte.
- ¿ Cómo va a ser? ; denota incredulidad. "no lo puedo creer".

- Como vaca que va pal risco; con miedo. Con ojos de pánico.
- Como vieja sin tabaco; molesto o ajitado. Se dice que las mujeres que mascaban tabaco se ponían insoportables si no tenían tabaco para mascar.
- Como violín prestao; usar algo sin cuidado o demasiado.
- Compañero del chilingui; compañero de fiesta.
- Compay; compadre.
- Con bombos y platillos; con una gran celebración.
- Con Carmita Jiménez; con calma.
- Con cojones; extremadamente. Mucha cantidad. Intensamente.
- Con el agua hasta el cuello; en una situación desesperada.
- Con el moco bajao; deprimido.
- Con la boca es un mamey; es mas fácil hablar de algo que hacerlo.
- Con la leche rega; se dice de alguien que está molesto.
- Con la pata alzá; anda paseando.
- Con los ojos como caballo e machina; se dice de alguien cuando está bajo la influencia de alguna droga. Los caballos de machina se refiere a los caballitos de los carruseles de entretenimiento que hay en las celebraciones de pueblo en Puerto Rico.
- Con los ojos como pescao de fríser; con las pupilas dilatadas.
- Con todos lo hierros y sin miseria; a todo lujo.

- Concha; la estructura ósea de una almeja.
- Concho; una manera más suave de decir coño.
- Cónchole; se dice por no decir coño cuando algo le duele a uno.
- Coño; es una expresión que se usa cuando uno se da un golpe o cuando se está muy enfadado. A veces se dice "puñeta coño" para expresar coraje. Es lenguaje soez.
- Contra; se dice por no decir coño.
- Conversación puertorriqueña siempre termina en mierda; nuestra triste realidad.
- Copla; composición poética musical puertorriqueña.
- Coquito; bebida tradicional hecha con extracto de coco y ron.
- Corazón; fruta tropical en forma de corazón. Es mi favorita. Es muy dulce y tiene consistencia arenosa.
- Corbejo; se le puede decir a una prostituta o a una mujer de mala vida.
- Corillo; grupo de amigos cercanos. Existe gran lealtad entre los miembros de un corillo.
- Corino; persona que tiene un defecto de nacimiento en el que camina con los pies hacia adentro.
- Corotos; las pertenencias de alguien.
- Corozo; fruta de la palma del corozo. Parece un coco en miniatura y se hacen artesanías con el mismo.
- Corre como caballito e mil pesos; es rápido. Según se dice en Trujillo Alto.

- Correr de capota; vivir alocadamente.
- Correr la seca y la meca; ir a muchos sitios.
- Correrle la máquina a alguien; meterle mentiras a una persona.
- Corricán; hilo usado para amarrar pasteles y volar chiringas.
- Corrió como puta; corrió rápido.
- Cortabrea; bicicleta de carreras en el pavimento, según la gente en Mayagüez. Generalmente se le dice "camella".
- Corte de pastelillo; cambiarse de carril en la carretera de manera agresiva y peligrosa.
- Corteja; la amante de un hombre casado.
- Cosa de na'; muy poco.
- Coscorrón; un cocotazo.
- Coser a tiros; darle muchos tiros de bala a alguien.
- Cota; bata o vestimenta de tela que cubre todo el cuerpo. Las mujeres las usan para estar en la casa y para dormir.
- Cría cuervos y te sacarán los ojos; se dice cuando los hijos mal criados se rebelan en contra de los padres.
- Cría fama y échate a dormir; refleja la realidad de que nuestros actos causan las actitudes de los demas hacia nosotros.
- Crica; vagina.
- Crin; el pelo del cuello del caballo
- Cruzar el charco; mudarse a los Estados Unidos.

- Cuadrar; hechar carreras de carro.
- Cuadre; el dinero de las ventas de un período de tiempo. Por ejemplo, el cuadre de la mañana se refiere al dinero generado por las ventas de la mañana.
- Cuajitos; el estómago del puerco cortado en pedacitos y cocinado en salsa.
- ¿Cuál es la tostada?; ¿cuál es la razón?
- Cuando el río suena es porque agua trae; denota el hecho de que los rumores usualmente tienen algo de veracidad.
- Cuando la rana heche pelo; cuando la situación económica mejore.
- Cuando no hay más na, con su mujer uno se acuesta; decir que refleja el sentir de un hombre que ya no tiene interés en su mujer.
- Cuando se amarraban los perros con longaniza; en el pasado, cuando había inocencia en la sociedad.
- Cuarto de dinamita; explosivos poderosos que se usan para hacer mucho ruido en las fiestas de fin de año. Son muy peligrosos y pueden matar gente. Son ilegales en Puerto Rico, pero no lo parece.
- Cuartón; pedazo de madera de 4 pulgadas por 4 pulgadas de espesor.
- Cuartonazo; golpe fuerte. Puede ser con un cuartón.
- Cuatro ojos; insulto leve dicho a persona que usa espejuelos.

- Cuatro; instrumento típico puertoriqueño parecido a la guitarra.
- Cubujón; se le dice a un apartamiento o residencia muy pequeña.
- Cúcame Pedro que a mí me gusta; se le dice a una persona que le gusta que lo molesten.
- Cucar; provocar.
- Cuchiflitos; cuajitos. Plato típico preparado usando es estomago de la vaca. Muy delicioso.
- Cuchucientos; muchos.
- Cucubano; insecto volador bioluminecente que emite luz verde.
- Cucurucho; el tope. La parte más alta.
- Cuenta loca; vehículo que todavía debe dinero al banco y que ha sido vendido sin notificársele al prestamista.
- Cuesta abajo; insulto a una persona de edad avanzada.
- Cuica; juego de niños en el que brincan repetidamente una cuerda a la que le dan vueltas otros dos niños
- Cuico; pedo o peo.
- Cuitiarse; rendirse o dejar de hacer algo. Es un anglicismo proveniente de la palabra "quit".
- Culeco o culeca; es una aberración de la palabra clueca. Se le dice a una gallina que se vuelve medio loca antes de poner sus huevos. Se dice que alguien está culeco cuando se pone muy contento y se comporta de manera alborotada a causa de la felicidad.

- Culeo; baile donde se mueve el trasero exageradamente.
- Culillo; se dice que alguien tiene culillo cuando el mismo no se puede estar quieto o cuando se pone nervioso.
- Culimongo; sin fuerza(de acuerdo a Tío Angel).
- Culipandeo; movimiento exagerado de las caderas.
- Culo; trasero.
- Culos e botella; espejuelos con lentes gruesos.
- Cundeamor; planta que produce un fruto amarillo con semillas rojas dulces adentro. Dicen que es veneno para los conejos.
- Cundío; lleno de algo. Por ejemplo, se puede decir que alguien está cundío de piojos en vez de decir que está lleno de piojos.
- Cuquito; de baja calidad. Según se dice en Ciales.
- Cura; ministro católico.
- Curao de espanto; persona que no se impresiona fácilmente.
- Curtío; sucio.
- Da la mala pata; da la mala suerte.
- Dale dale; vamos.
- Dale gancho; se le dice a alguien que usa la misma ropa constantemente.
- Dale percha; se le dice a alguien para que deje de usar la misma ropa.

- Dalequestalde; se dice cuando alguien sigue hablando del mismo tema sin parar. También se usa para describir una situación que cansa.

- Dar coba; rendirle pleitecía a alguien.

- Dar de codo; rechazar.

- Dar del ala pa comer de la pechuga; ofrecer algo sabiendo que va a traer más beneficios de los que se han dado.

- Dar el sì; cuando una mujer acepta ser novia de un hombre.

- Dar flota; pulir el cemento con una herramienta llamada flota. Se hace cuando el cemento todavía está húmedo.

- Dar la cara; hacer acto de presencia.

- Dar pa bajo; matar o tener sexo.

- Dar paleta; usar algo mucho. También puede significar tener sexo.

- Dar pata e cerdo o pata e puerco; tener sexo.

- Dar un caretazo; presentarse.

- Dar un palo; hacer una transacción que deje mucho dinero. Cometer un atraco. Tener éxito.

- Dar una piña; dar golpes en la cabeza con las manos. Generalmente un grupo le da una piña a un individuo como regalo de cumpleaños.

- Darle a alguien; matar a alguien.

- Darle hasta con la banqueta; expresión usada en el boxeo cuando un boxeador le da muchos golpes al otro.

- Darle un canto a un hombre; acostarse con él.
- Darle vuelta al asunto; evitar hablar de un asunto.
- Darse con la frente en la laja; tener un encontronazo con la verdad.
- Darse cuenta; percatarse de algo.
- Darse el palo largo; beber mucho alcohol.
- Darse el palo; tomar bebidas alcohólicas.
- Darse la fría; tomar cerveza.
- Darse una matá; caerse de manera muy fuerte y de sorpresa. Los puertorriqueños lo encontramos muy gracioso siempre y cuando no haya heridos.
- Darse un baño de gato; darse un baño muy rápido. Algunos le dicen un baño de guebo, culo y sobaco.
- De a verdura el apio; verdadermente.
- De a vicio; mucho.
- De caché; de buen gusto. Caro, de moda.
- De cantaso; repentinamente.
- De chiripa; de suerte.
- De chivo; de suerte.
- De cora; de corazón. Sinceramente.
- De cualquier maya sale un ratón; se refiere a lo impredecible que es la gente.
- ¿De cuádo acá?; ¿Desde cuándo?
- De cuatro pare e cojones; impresionante. Grande.
- De doble pespunte; extraordinario.

- De la mata; bueno, de confianza.

- De la vieja guardia; de los tiempos de antes.

- De lagrimitas; de milagro, de suerte.

- De leche; de suerte.

- De mala gana; de mala manera.

- De mil en cien; esporádicamente.

- De milagro; de suerte.

- De pacotilla; de mala calidad.

- De paquete; nuevo.

- De pasta; de plástico.

- De pura cepa; puro, original. Se dice que uno es Boricua de pura cepa cuando es nacido y criado en Puerto Rico.

- De raza; se dice de un perro de casta.

- De sopetazo; repentinamente.

- De sopetón; de repente.

- De tablita; se dice cuando se encesta un canasto rebotando la bola contra el tablero.

- ¿De veras?; se dice para preguntar si lo que se dice es en serio.

- Decaído; cansado.

- Décima; estilo de escribir poesía usado para componer música típica.

- Déjalo que suba la nave; deja que se atreva.

- Dejar las puertas abiertas; se dice que se dejan las puertas abiertas en algún lugar cuando uno se va en buenos términos.
- Dejar plantao a alguien; no presentarse a una cita con alguien.
- Dejarse llevar; seguir las reglas.
- Del dicho al hecho va un trecho; significa que es fácil hablar de algo pero es difícil hacerlo.
- Del país; hecho en Puerto Rico.
- Demacrao; en malas condiciones.
- Denguna; ninguna. Palabra jíbara.
- Déntrate; invitación a entrar a un establecimiento. Palabra jíbara.
- Descabronao; herido.
- Descojonao; herido, adolorido.
- Descoñetao; roto, en malas condiciones.
- Desfachatez; atrevimiento.
- Deso; se usa cuando no se tiene la palabra o verbo adecuado. Es una aberración de "de eso".
- Despelote; desorden.
- Despistao; distraìdo.
- Después que le ve los guebos al perro, dice que es macho; se refiere a alguien que acepta algo cuando ve que la evidencia es contundente.
- Destornillao; desternillado. Se dice que alguien se destornilló riéndose.

- Diache; se dice por no mencionar el diablo.
- Diarreas de abanico; diarrea muy aguda.
- Díceselo; dícelo.
- Dil; ir.
- Dime con quien andas y te diré quien eres; expresión que se le dice a los hijos para que no anden con personas que se comportan mal.
- Dimetedirete; confrontación verbal entre dos personas.
- Dios no hace porquerías; significa que todos tenemos valor.
- Dispararse una maroma; hacer algo riesgoso.
- Disparate; una aseveración que no tiene sentido.
- Dita; plato hecho de la fruta de la higüera.
- Don Cholito; don José Miguel Agrelot, uno de nuestros mejores comediantes y actores de todos los tiempos.
- Donde da no nace pelo; se dice de una persona que pega fuerte.
- Donkear; un anglicismo proveniente de la palabra "dunk", que significa sembrar con fuerza la bola de baloncesto en el canasto.
- Dormir a pata suelta; dormir profundamente.
- Dormir como un lirón; dormir profundamente.
- Dos jueyes macho; se dice de dos personas que tienen mal carácter y no pueden estar juntos porque siempre pelean.
- Dotor; doctor en medicina.

- Dujo; asiento de los taínos.
- Droguita; pedazo de papel que contiene información para hacer trampa en un examen.
- ¡Ea gran poder!; expresión de asombro.
- Echa caldo cutún; lo mismo que echa caldo.
- Echa caldo; es un reto a dar el máximo.
- Echa pa'ca; ven acá.
- Echa un pie al bote; aceptar un reto.
- Echar mal de ojo; desearle mala suerte a alguien.
- Echar un polvo; tener sexo.
- Echar una brisca; blasfemar.
- Echar una criolla; defecar.
- ¡Ecua jei!; expresión forjada por Ismael Rivera. Se dice cuando se disfruta una pieza musical.
- Eh; sí.
- ¡Eje eje!; se usa para llamar la atención.
- Ekelecua; exactamente.
- El acabose; el evento máximo. Viene de los tiempos del cultivo de la caña, cuando Puerto Rico era una economía agraria.
- El agua; los policías.
- El año de las guácaras; hace mucho tiempo.
- El burrito; el juego de rompespalda.

- El carrito de San Fernando; un ratito a pies y otro andando. Otra manera de decir que el único modo de transportación que se tiene es caminando.

- El chochín; comida provista por el gobierno a los pobres en Puerto Rico.

- El cuco; monstruo ficticio utilizado para amedrentar a los niños que no quieren acostarse a dormir.

- El cuento e los mameyes; es un cuento en el que se envía a buscar a alguien y la persona que salió a buscar a la otra nunca regresa.

- El golpe; se le llama a la columna de agua que se forma cuando llueve río arriba. Es muy peligroso pues se puede llevar gente y ganado y ahogarlos.

- El hueco e la espalda; el espacio en la espalda entre las dos escápulas.

- El lío de los pastores; un problema grande.

- Él mismo se canta y se llora; se dice de una persona que se causa problemas a sí mismo.

- El muerto; donde se esconde la droga.

- El negro es tierra; expresión favorita de mi abuelo Daniel Rosario, quien era electricista y era negro.

- El nie; el espacio entre el ano y los genitales.

- El ojo del amo engorda el caballo; la presencia del dueño del negocio hace que el negocio prospere.

- El pie del mabí; un poco de mabí ya fermentado que se usa para hacer la próxima tanda.

- El que a buen árbol se arrima, buena sombra le cobija; si andas con gente buena, tendrás buena fortuna.

- El que la está llevando; el que manda, el que tiene el control.

- El que no tiene dinga tiene mandinga; todos tenemos defectos. También se usa para aseverar que todos tenemos raza africana ya que hace referencia a los nombres de tribus del oeste de Africa.

- El que se acuesta con el perro amanece con pulgas; la persona que anda con personas problemáticas, se mete en problemas.

- El que se acuesta con niños amanece cagao; el que se asocia con gente inmadura, tiene problemas.

- El que se casa pa su casa; se explica por sí mismo.

- El que se pica es por que ají come; si algo te molesta es que lo has hecho.

- El que tiene tienda que la atienda si no que la venda; atiende a tu mujer o déjala.

- Ella jura que acaba; se dice de una mujer narcisista.

- Embachao; lleno de lodo.

- Embalao; ir rápido o estar bajo los efectos de un estupefaciente.

- Embalar; salir corriendo.

- Embale; estado de estupor o embriaguez.

- Embarre; suciedad. Se dice que algo está embarrado de algo cuando está cubierto de la sustancia.

- Embeleco; invento. Ocurrencia.
- Embetunao; borracho. Viene de la palabra betún, que es un tinte en forma de pasta que se usa para brillar zapatos.
- Embobao; en estado letárgico.
- Embobinar; enredar.
- Embojotarse; en Camuy se le dice así a enredarse a pelear con los puños. Viene de la palabra embotar, que es el acto de ponerle "botas"(protectores para las espuelas y el pico) a los gallos mientras entrenan para que no se hagan daño. Cortesía de Chaka (Orlando), mi barbero de Camuy.
- Emborujao; enredado, arropado.
- Embrollao; que debe mucho dinero.
- Embrollao; tiene muchas deudas.
- Embrutecí; no lo puedo creer.
- Embustero; mentiroso.
- Emgrampao; adherido, pegado.
- Empachao; alguien que ha tenido una mala digestión.
- Empalagoso; muy dulce. También puede referirse a una persona que es muy efusiva.
- Empañetar; cubrir el cemento crudo y poroso con cemento fino para dar una apariencia bonita a los edificios de concreto. Es un arte en el que los puertorriqueños son los mejores del mundo.
- Empelotao; cuando alguna mezcla líquida empieza a solidificarse y a formar pelotas en la mezcla.

- Empeñao en; obsesionado con algo.
- Empeñar; tomar dinero prestado usando un objeto como colateral.
- Empepao; bajo los efectos de alguna pastilla.
- Empesinao; obsesionado.
- Emplegostao; cubierto de alguna sustancia pegajosa.
- Empollona; persona que quiere tapar la realidad.
- Emprijilao; bien vestido, según titi Margó.
- En aquel entonces; en tiempos pasados. En aquellos tiempos.
- En boca cerrá no entran moscas; se le dice a alguien para que no hable. Es una especie de amenaza o consejo.
- En casa el carajo; muy lejos.
- En cascajos; en efectivo.
- En cuatro; en cuatro patas o en posición de perro.
- En cuero; desnudo.
- En el interim; mientras tanto.
- En Jayuya los cabros comen con la emergencia puesta; se dice porque Jayuya tiene mucho terreno empinado.
- En la prángana; sin dinero.
- En las cìnsoras; muy lejos.
- En las ventas del carajo; lejos.
- En lo que el hacha va y viene; mientras tanto.
- En pelota; desnudo.
- En un santiamén; en un instante. Rápidamente.

- En veinte uñas; estar en posición de perro. Con las veinte uñas del cuerpo tocando el piso.
- Eñangotao; en cuclillas. También se dice de una persona que deja que abusen de él.
- Enantes; en tiempos de antes.
- Enbolinao; borracho.
- Encabillao; si uno va muy rápido en una motora se dice que uno va encabillao.
- Encabronao ; estar furioso.
- Encabrotarse; molestarse.
- Encajao; atrapado.
- Encañonar; apuntar un arma de fuego a corta distancia.
- Encaramarse; subirse.
- Encharcao; muy mojado.
- Enchismao; estar enojado con alguien.
- Enchuflar; enchufar, conectar.
- Enchulao; enamorado.
- Enchumbao; mojado.
- Encojonao; estar muy molesto.
- Enconchao; introvertido.
- Encopetá; se le dice a una mujer que está bien arreglada.
- Encuevao; encerrado en la casa.
- Endispués; después.
- Enfogonao; tener coraje o estar molesto.
- Enfunchao; estar molesto.

- Engatusar; hacer trampa.
- Enjeretársele encima a alguien; brincarle encima a alguien y agarrarlo.
- Enjillìo; muy flaco o desmejorado.
- Enmostrao; estar bajo los efectos de la cocaína.
- Enperifollao; bien vestido.
- Ensalta; cuando se coje un grupo de pescados o frutas y se les pasa un hilo o alambre por el medio.
- Ensuciar; hacer caca. Evacuar.
- Entre ceja y ceja; se dice que alguien tiene algo entre ceja y ceja cuando está muy arraigado en la persona.
- Entremedio; en medio de.
- Entripao; mojado.
- Entumecido; hinchado o que se mueve con dolor. Al parecer, viene de la palabra latina intumescencia.
- Enturrunao; introvertido.
- Enyoyao; bajo los efectos de alguna droga o el alcohol.
- Epa; saludo que denota felicidad.
- Epria; se dice cuando algo es del agrado de uno.
- "Eramos muchos y parió la abuela"; la situación ha empeorado.
- Ernú; desnudo.
- Es candela brava; se usa para describir a algo o alguien intenso.
- Es cuesta arriba; es difícil.

- Es de armas tomar; persona que recurre fácilmente a la violencia.
- Es de los Wilson; se dice de una persona de calidad o muy estimada.
- Es filete; se usa para describir algo bueno o de calidad.
- Es la cosa; exactamente.
- Es más duro que el cemento Ponce; es sólido o es tacaño.
- Es más malo que un buche e gas; se dice de una persona mala o de alguien que es muy malo en un deporte.
- Es más papista que el papa; se dice de una persona que es demasiado de estricta.
- Es masa; en Ponce, se usa para describir algo bueno.
- Es tan malo que mea pa' tras como el gato; se dice de una persona muy mala.
- Es tan miserable que se bebe los meaos; se dice de una persona tacaña.
- Es troya; es algo bien difícil.
- Es un caso; persona con carácter difícil o personalidad conflictiva.
- Es un pollo; es muy guapo.
- Es un quitao; es fácil.
- Es una leña; no sirve.
- Esa no es la tostada; esa no es la intención.
- Esboronar; destruir. Pulverizar.

- Escabeche; generalmente se refiere a pescado en escabeche. También puede referirse a guineos en escabeche. Este estilo de cocina tiene un sabor agridulce.

- Escamao; asustado.

- Escandray; porquería, algo de baja calidad. Objeto en malas condiciones, que no sirve. Es una palabra jíbara antigua. Según Mirita, Titi Lola la usaba mucho.

- Escarceo; alboroto o ruido.

- Escarlata; un mojón dentro de una lata.

- Escocotao; Se dice que alguien está escocotao si vuelve a hacer algo que le hace daño. Generalmente se refiere a algún vicio.

- Escocotarse; caerse.

- Escolao; con diarreas.

- Escopeta; lo mismo que escopetero.

- Escopetero; jugador de baloncesto que tira mucho al canasto.

- Escudilla; recipiente utilizado para servir comida.

- Escupidera; un envase de boca ancha que se usaba para acumular los orines de las personas debajo de la cama. La razón era que a principios y mediados del siglo 20 no había en Puerto Rico facilidades de inodoros dentro de las casas y por ende había que ir a la letrina a hacer las necesidades. Para evitar tener que salir de la casa de noche la gente mantenía una escupidera debajo de la cama y luego al otro día la vaciaban en el patio.

- Esgolizarse; se usa para describir cuando alguien se resbala y se cae en un terreno empinado.

- Esgranao; roto, descompuesto.

- Eskimalito; una barrita de jugo congelado de diferentes sabores.

- Eslembao; distraído.

- Esmarasmao; cuando uno se levanta de mal humor.

- Esmayao; hambriento. También se le dice a una persona que es avara.

- Esnú; desnudo.

- Eso manca; se refiere a la habilidad de un animal o planta de inmobilizar una extremidad de la persona que lo toque. Es una especie de mito.

- Esos son otros veinte pesos; eso es otro asunto.

- Espacharrar; triturar. También se le dice esparrachar.

- Espampanillao o espampanillá; se dice de una puerta o lugar que esá completamente abierto.

- Esparramao; esparcido.

- Espatao; exhausto.

- Espatarrao; con las piernas abiertas.

- Espepitar; soltar, escupir, tirar, decir.

- Espeque; estaca de madera que se usaba para hacer verjas.

- Espetar; meter la bola en el canasto con fuerza. Lo mismo que donkear.

- Espinilla; el hueso llamado tibia.
- Espinita; espinilla en la piel.
- Espiritista; persona que cree en la religion del espiritismo.
- Esplotabache; zapato de baja calidad.
- Esplotao; cansado. También es una condición en el mar en la que las olas están muy desordenadas o peligrosas para el deporte del surfing.
- Espuelear; viene del acto de instalarle espuelas artificiales a un gallo para hacerlo mas peligroso en la pelea. También se usa para describir el acto de hacerse mas diestro en una materia.
- Está brutal; se dice de algo o alguien que es extraordinario.
- Está bueno pa mandar a buscar la muerte; se dice de alguien que regresa tarde cuando se le manda a hacer algo.
- Está como pila; está muy salado.
- Está cuadraíto; se dice de un carro que está en buenas condiciones de carrocería.
- Está cui cui; se dice de alguien que no para de reírse.
- Está de show; muy atractivo.
- Está en el trono; está haciendo caca.
- Está en veremos; su futuro es incierto.
- Está estillosa; se dice de una mujer que está buena.

- Está más babeao que la bragueta de un borracho; se usa de varias maneras. Se le puede decir a un hombre que está muy enamorado de una mujer.

- Está poderosa; una mujer muy atractiva.

- Está por el fondo; una persona que se lesionó en el trabajo y está recibiendo beneficios de desempleo del fondo del seguro del estado.

- Está que bota chispas; persona que está de mal humor.

- Está que estilla; se dice de una mujer que está buena.

- Está que no cabe en la ropa; se siente muy orgulloso u orgullosa.

- Está rota; mujer que no es virgen. Término despectivo.

- Estacas; dinero. Dólares.

- Estar chupao; estar muy flaco.

- Estar como uña de res; estar ebrio.

- Estar ajumao; estar ebrio.

- Estar al día; estar al tanto o estar corriente en los pagos de algo.

- Estar al tanto; estar informado de algo.

- Estar amotetao'; estar sin ánimo o aislado.

- Estar boto; lo opuesto de estar afilado. Se le dice a alguien que está fuera de práctica.

- Estar chocho o chocha; senil. Se le dice a las personas después que llegan a cierta edad y se ponen maniáticos.

- Estar claro; tener buena reputación.

- Estar como yesca; estar ebrio.
- Estar en celo; se dice de la yegua cuando está lista para procrear.
- Estar en las papas; estar muy bien económicamente.
- Estar enfuscao' ; estar ofuscado o distraído.
- Estar en tres y dos; estar indeciso.
- Estar jendío; estar ebrio.
- Estar lelo; estar fuera de contacto con la realidad.
- Estar montao; tener un equipo de deporte con jugadores muy sobresalientes. Estar bien económicamente.
- Estar pasao; puede significar que la persona es extraordinariamente buena, o que está actuando de manera incorrecta.
- Estar pelao; no tener dinero.
- Estar quitao; persona que ya no hace algo que le hacía daño. Haber dejado de hacer algo. Muchas veces se refiere a alguien que dejó de usar drogas para mejorar su vida.
- Estar tostao; estar loco.
- Estartalao; generalmente se usa para describir un carro en malas condiciones. También se usa para describir malas condiciones físicas.
- Estás más caliente quel suiche el sol; se le dice a una persona que la andan buscando por algún delito.
- Estense; estén.

- Estinche; tacaño. Anglicismo proveniente de la palabra "stingy".
- Estirar el peso; ser comedido con el gasto del dinero.
- Estirar la pata; morirse.
- Estofa; heroína.
- Estofón; persona que estudia mucho.
- Estortillao; persona loca o que carece de sus facultades.
- Estostusar; desbaratar. Dar golpes a algo o alguien.
- Estoy como fondillo e mandril; sin dinero, pelao.
- Estoy como rodilla e cabro; sin dinero, pelao.
- Estoy en baja; estoy tranquilo.
- Estoy verde; tengo mucha hambre.
- Estrafalario; persona indeseable.
- Estrambólico o estrambólica; algo excepcional, raro, o exótico.
- Estrambótico; exótico.
- Estrasijao; mal vestido, en mal estado.
- Estrellarse; caerse o tener un accidente automovilístico. También se usa para describir a un avión que se cae del cielo.
- Estrújatelo en el pecho; manera agresiva e irrespetuosa de decirle a alguien que uno no quiere lo que la persona ofrece.
- Etiqueta; borracho. Se dice porque la etiqueta siempre está pegada a la botella.

- Facha; vestimenta.
- Falfuyero; mentiroso o alardoso.
- Fango; arcilla, lodo.
- Fatulo; falso.
- Feosio o feosia; persona muy fea.
- Ficha; en Ponce se le llama así a la moneda de cinco centavos norteamericanos.
- Fiestas patronales; una tradición católica en la que por toda una semana, se hace fiesta en los 78 pueblos de Puerto Rico. Hay máquinas de entretenimiento, vienen orquestas musicales y se juegan juegos de azar, para honrar a la virgen patrona del pueblo.
- Fifí; un mojoncito así.
- Filoteao; se dice de un hombre bien viestido.
- Firurística; persona muy delicada y fina de manera extremada.
- Fleje; manera despectiva de referirse a una mujer. También se le dice a un arma punzante confeccionada de manera casera.
- Flota; herramienta usada por los albañiles.
- Flu; gabán.
- Fo; se dice cuando huele mal.
- Fofo; estar fuera de condición física.
- Fogón; cocina de leña.
- Fondillo; las nalgas.

- Fostró; anglicismo proveniente de la palabra "foxtrot", un tipo de baile norteamericano. Un fostró es una algarabía o grupo de personas actuando sin control.

- Fotingo; un carro o auto viejo o de bajo precio.

- Franfura; "hot dog". Viene de la palabra alemana "frankfurter". La traducción literal sería perro caliente pero el término anglo-sajón se entiende universalmente.

- Fricasé; se le llama a un plato hecho con vino rojo y algún tipo de carne.

- Frío apestoso; frío muy intenso.

- Frío pelú; frío muy fuerte.

- Friquitín; negocio pequeño.

- Frontú; persona alardosa.

- Fua; grito de fiesta boricua. También se usa como grito de victoria o de guerra.

- Fuego a la lata; se usa para describir algo intenso.

- Fuego uterino; se dice que una mujer tiene fuego uterino si tiene un deseo sexual insaciable.

- Fulano; nombre dado a alguien desconocido.

- Fumón; se dice cuando a una persona se le mete el pantalón entre las dos nalgas. También se le dice colilla o colillón.

- Fúrnea; pista de carreras en el fango o bache, o arcilla. En Puerto Rico, el campeón es mi tío, Daniel Rosario, o Daniel transmission.

- Furnitura; muebles. Es un anglicismo proveniente de la palabra "furniture".
- Fututear; desperdiciar, fiestar.
- Fututo; instrumento en forma de corneta que se usa para hacer ruido o para hablarle a una multitud. También se le dice fotuto.
- Gaceao; algo que está muy usado.
- Gajo; un pedazo de una fruta cítrica. Manera vulgar de referirse a los labios de la vagina de la mujer.
- Galillo; la úvula del paladar. También se le dice galillo viejo.
- Galleta cuca; un tipo de galleta dulce que es muy popular con los niños. Tiene sabor parecido a la canela.
- Galleta por soda; galleta éxport soda.
- Galleta; cachetada.
- Gallina cócora; gallina brava.
- Gallina echá; gallina encubando huevos.
- Gallo bolo; gallo sin rabo.
- Gallo búlico; gallo de un color grisáceo.
- Gallo canaguey; gallo con colores blanco y marrón claro en puntitos.
- Gallo cenizo; gallo con color grisáceo.
- Gallo giro; gallo con plumas amarillas en el cuello.
- Gallo inglés; gallo de pelea.
- Gallo manilo; gallo grande no de raza.

- Gallo rubio; gallo con plumas del cuello color rojizas.
- Gallo; un sonido discordante de las cuerdas vocales mientras uno habla. También se le dice a la parte del frente del cabello en ciertos peinados en los que el pelo se peina hacia arriba. También se le dice a un cigarrillo de marihuana.
- Gamberra; mujer sin escrúpulos o traicionera.
- Ganao; ganado vacuno.
- Gancho; percha. También se le dice a un golpe horizontal cruzado en el boxeo.
- Gandinga; plato tradicional hecho con hígado y papas, entre otros ingredientes
- Ganso; persona tramposa. Ave parecida al pato, pero más grande.
- Garabato; una rama de un árbol en forma de v, usada para agarrar la yerba que se va a cortar con un machete. También se le dice a alguna escritura que es ilegible. La palabra tiene origen en el lenguaje africano llamado "Bantu". Garabato era un ritmo musical.
- Gargajo; salibón.
- Garrafón; un envase plástico para guardar líquidos.
- Garza; trompo con una punta larga.
- Gasnatá; una cachetada.
- Gasnate; garganta.
- Gasnote; la parte de atrás del cuello.

- Gaspacho; se le dice a una mezcla de bacalao con aguacate que se come con pan. También se le dice al sobrante de una fruta cítrica después que uno se la chupa.
- Gata; otro nombre vulgar para mujer.
- Gato; gatillero o secuaz.
- Glaceao; se dice de una playa con olas buenas y agua cristalina, donde se practica el deporte de correr las olas o "surfing". Barbarismo de la palabra "glassy".
- Gofio; maíz molido y mezclado con azucar. Los niños compran esta confección que se vende en un conito.
- Golizonte; risco, según titi Margó.
- Golpe de agua; se le dice el golpe. Sucede cuando llueve río arriba y el torrente de agua repentino golpea la parte baja del río. Es muy peligroso pues puede llevarse los animales, personas, y vehículos que encuentre a su paso.
- Gongolí; insecto de algunas dos pulgadas de largo y que tiene muchas patas pequeñas. Huele muy mal cuando uno lo aplasta.
- Gongolón; un gongolí grande.
- Gosne; montura de una puerta. Es la pieza que aguanta la puerta contra el marco y la deja moverse.
- Grajeo; el acto de besarse apasionadamente.
- Granito a granito se llena la gallina el buche; poco a poco se logra un objetivo.
- Grano; espinilla en la piel.
- Grava; arena de río.

- Gravero; mina de grava.
- Gringo; norteamericano.
- Grullo; cigarillo de marihuana.
- Guabá; nombre taíno dado a un arácnido autóctono de Borinquen. La frase "como un guabá" se usa para describir a alguien en estado de agresividad, aludiendo al carácter del susodicho animal.
- Guábara; camarón de río.
- Guácara; marca hecha a un trompo cuando se juega con otros trompos.
- Guagua; autobús, vehículo tipo "van", o tipo "pick up".
- Guanábana; fruta tropical.
- Guanime; rollitos hechos con arina de maíz y condimento.
- Guanín; adorno de oro que se colgaban los caciques taínos alrededor del cuello.
- Guano; excremento de murciélago.
- Guapería: comportamiento agresivo.
- Guapo; hombre bien parecido o bravo.
- Guaraguao; ave de rapiña puertorriqueña.
- Guarapo; té, extracto, o jugo.
- Guardia palito; oficial de seguridad privado, no es policía de verdad.
- Guare; gemelo.
- Guasa; mentira.

- Guasón; persona mentirosa.
- Guata; el material que está dentro de un cojín.
- Guatapanazo; golpe producido por una caída.
- Guayaba; fruta tropical. Palabra de origen taíno.
- Guayabo; árbol de guayaba. Su madera es muy fuerte.
- Guayacán; árbol de madera muy sólida. Nombre de origen taíno.
- Guayacol con uña rayá; expresión inmortalizada por el Grifo de Canales, Marvin Santiago. Describe algo que da fuerza y salud.
- Guayar la ebilla; bailar.
- Guayo; utensilio de cocina usado para pulverizar verduras. Palabra de origen taíno.
- Guayubín; se le dice a alguien conocido para saludarlo.
- Guebo; los genitales del hombre.
- Guebón; macho. También se le dice a un hombre cuando hace algo mal.
- Gufear; bromear. Anglicismo de la palabra "goof".
- Guía o guíe; volante de un carro.
- Güícharo; instrumento musical hecho con la fruta del güiro. Palabra taína.
- Guille; alarde.
- Güinche; máquina montada en vehículos de rescate o de todo terreno usada para halar o sacar vehículos atascados. Anglicismo proveniente de la palabra "winch".

- Guinda; risco.

- Guindar; colgar.

- Guinganbó; ocra, fruto comestible del árbol del mismo nombre. Es verde y tiene consistencia babosa.

- Güira; también se le dice güirita. En el juego del baloncesto, se le dice al acto de escapársele a la defensa y encestar solo.

- Güiro; instrumento hecho con el fruto del árbol del mismo nombre. Palabra taína.

- Gulembo; persona poco coordinada. Palabra inventada por mi tío Angel Berríos.

- Ha cojido mas güebo que un sartén del ejército; manera sucia de referirse a una mujer que ha tenido muchos amantes.

- Ha dao más cantaso que un caculo a pique en una lata; se dice de una persona que ha recorrido muchos sitios y ha vivido muy intensamente. Cortesía de Chaka (Orlando) mi barbero de Camuy.

- Habichuelas; frijoles.

- Hablando del rey de roma y la nariz que asoma; se dice cuando alguien llega en el momento que se está hablando de él.

- Hacer arroz; tener sexo. Segun la gente en Mayagüez.

- Hacer botella; se dice que cuando se trata de memorizar una gran cantidad de información la noche antes de un examen.

- Hacer buche; hacer silencio.
- Hacer café; cuando se frotan los pelitos del área del codo de manera circular y se forman bolitas de pelos que duelen al moverse el brazo. Es un juego cruel.
- Hacer caso; seguir instrucciones.
- Hacer de tripas corazones; hacer el mejor trabajo posible con recursos limitados.
- Hacer escante; hacer desorden.
- Hacer mollero; flexionar el biceps. Hacer mollerito se refiere a dejar de usar drogas sin ningún tipo de ayuda.
- Hacer muecas; hacer expresiones con la cara.
- Hacer pucherito o hacer puchero; la expresión facial que se hace cuando se llora.
- Hacer un ángulo; reunir dinero entre dos o más personas para comprar algo.
- Hacer un brujo; hacer brujería en contra de alguien.
- Hacer un caballo; reunir dinero entre dos o más personas para comprar algo.
- Hacer un fufú; hacer brujería.
- Hacer un serrucho; reunir dinero entre dos o más para comprar algo.
- Hacer una viejita; hacer una expresión con la cara que hace a uno parecer una viejita
- Hacerle el cuento a alguien; tratar de convencer a una persona.
- Hacerse el listo; tratar de hacer una trampa.

- Hacerse el loco; actuar como si uno estuviera loco sin estarlo.
- Hacerse la paja; masturbarse.
- Hacerse santo; es una ceremonia hecha en la religión de la santería en la que se le asigna un santo a una persona.
- Hacerse una limpieza; es una ceremonia en la religión espiritista en la que se dice se le espantan todas las malas influencias a una persona.
- Hace tiempo que no veo un pelo ni en la jabonera; hace tiempo que no tengo sexo.
- Hachuela; es un hacha de mano.
- Hamaca; palabra de origen taíno que describe una red hecha para dormir.
- Hasta el ñame; hasta el fondo, muy profundo. Se dice porque los ñames están enterrados profundamente en la tierra.
- Hasta el ocho e basto; hasta el fondo.
- Hasta el soco; hasta la raíz. También se dice "hasta el soco el medio".
- Hasta la coronilla; estar cansado de algo.
- Hasta la médula; profundamente, intensamente.
- Hasta las tantas; hasta horas avanzadas de la noche.
- Hasta las teleras; se dice por no decir "hasta las tetas".
- Hasta las tetas; hasta el fondo o de manera exagerada.
- Hasta los sesos; completamente. Hasta el fondo.
- Hasta más no poder; se dice cuando se da el máximo.

- Hay que cojer tres relevo e mula; se encuentra muy lejos.
- Hay que cojerlo con pinzas; se dice de alguien que no es de confianza o con quien hay que tener cuidado. Gracias Elsa.
- Hay que darle una pescosá pa que hable y diez pa que se calle; se dice de una persona que revela sus secretos fácilmente.
- Hay que decirle usted y tenga; se dice de una persona respetada o sobresaliente.
- Hay que joderse; es una expresión que denota frustración.
- Hay tela para cortar; hay tema para discutir.
- Hazada; herramienta para trabajar en el suelo.
- Hechar un guarapo; tener sexo.
- Hechar un sueño; tener sexo según se decía en Mayagüez.
- Hecho leña; muy cansado. Que ya no sirve.
- Hijo de gato caza ratón; significa que los hijos heredan las cualidades de los padres.
- Hijo e la gran puta; insulto grave.
- Hijo fuiste y padre serás; se le dice a un hijo cuando no entiende la disciplina que le se le imparte.
- Hijoela; se dice para no tener que hablar malo.
- Hijoeputa; un insulto grave. Se explica por sí solo.
- Hilacha; una tira de algo.
- Holandés; ritmo de bomba puertorriqueña.

- Hoy se mea la gata; hoy va a hacer mucho frío.
- Huele a chango matao a escobazos; huele muy mal.
- Huele a chivo; persona que huele mal.
- Huele a fiscal; se dice de una persona o situación que puede causar problemas legales.
- Huele a sobaco e kin kon; huele mal.
- Huelebicho; insulto grave a un hombre. Según Edilcito la manera correcta de escribirse es "guelebicho".
- Huelejierro; insulto fuerte que dice que una persona le huele los genitales a otro hombre.
- Huevo e toro; dos piedras amarradas con un hilo. Se usa para robarle las chiringas a otras personas que las estén volando cerca.
- Huevo huero; huevo podrido.
- Inconao; tejido infectado.
- Incordio; persona que molesta mucho.
- Inglés pateao; inglés mal hablado.
- Inodoro; tóilet.
- Insecto; persona traicionera, algunas gangas carcelarias llaman insectos a sus enemigos.
- Ir a las millas; ir rápido.
- Ir al grano; ser espicífico.
- Ir engabetao; ir rápido.
- Ir safao; ir rápido.
- Irse tabla; empatar en una competencia.

- Jaca; yegua de baja calidad.
- Jacaranda; flamboyán azul. Es bello.
- Jacho; linterna rústica hecha con una mecha, una botella, y kerosén.
- Jai jóyet; de alta alcurnia.
- Jaiba; listo. También se le dice a la vagina de la mujer.
- Jalao; se dice que alguien está jalao cuando su apariencia está desmejorada.
- Jalda; cuesta.
- Jaleo; malestar estomacal.
- Jalisco no te rajes; se le dice a alguien que cree tener siempre la razón.
- Jamaquear; sacudir. Viene de la palabra taína jamaca.
- Jamaquión; sacudida. Puede ser uno de los movimientos bruscos de un temblor de tierra.
- Jampearse algo; comerse algo. También puede decirse una persona se jampeó a otra si se acostaron juntos.
- Jangueo; barbarismo del inglés que describe la actividad de reunirse con amigos para compartir un rato. Viene de la palabra "hang".
- Jaquetón; persona agresiva.
- Jara; policía.
- Jarto; estar harto.
- Jayar; encontrar.
- Je; sí.

- Jediondo; huele mal. Aberración de la palabra hediondo.
- Jelengue; fiesta. Algarabía. Desorden.
- Jendío; borracho.
- Jeringar; molestar.
- Jesús María y José, aquí se tiró una res; se dice cuando uno se acuesta a dormir.
- Jeva o jevo; novia o novio.
- Jicotea; tortuga.
- Jierro; el pene.
- Jiguillaso; un trago de alcohol.
- Jiki; un chupón. Viene de la palabra en inglés "hiki".
- Jincar; hincar.
- Jincho; pálido. Sin color.
- Jinquetaso; un golpe fuerte. Un trago de licor.
- Jobillo; también llamado cereza.
- Jobo; fruto agridulce de árbol frondoso de Borinquen.
- Jocear; puede referirse a ganarse la vida de manera creativa o a hacer trampa para ganar dinero.
- Jocico; hocico.
- Joda; fiesta.
- Joder el parto; molestar.
- Joder la pita; fiestar, molestar.
- Joder; molestar.
- Jodiendita; se usa para describir un objeto para el que no se conoce el nombre.

- Jodón; en Ponce se le dice así a personas atrevidas y dadas a la violencia.
- Joe Paluca; de mala calidad. Joe Paluca era un boxeador de bajo calibre.
- ¡Joice!; se le dice a alguien que ha cometido un error grave. Se le dice a los caballos para que paren. Es otra manera de decirle animal a alguien.
- Jolgorio; fiesta.
- Jolope; anglicismo. Viene del término "hold up", que significa asalto a mano armada.
- Jorqueta; una rama de un árbol en forma de "y".
- Josco; persona ancha. También se dice que algo está josco cuando está en grandes cantidades.
- Joya; charcho de agua, un hoyo grande en el terreno.
- Joyete; de baja calidad. Que no sirve. Cuando se dice que algo es joyete, se entiende que es de baja calidad. Es una expresión considerada chabacana o de mal gusto.
- Juan de los pajlotes; persona no espicífica.
- Juan Pedro gratitud, el del peo fuistes tú; se dice para reconocer a alguien que se ha tirado un peo.
- Juega billar; se puede usar para decir hola a un grupo de amigos, para dar halago.
- Jugar al caldero; es un juego con canicas en el que el objetivo es meter la canica en un hoyo hecho en la tierra.
- Jugar briscas; jugar con barajas españolas.

- Jugar de cojer; un juego en el que los niños se persiguen. El objetivo es no dejar que la persona designada no te toque. Si te toca, entonces tienes que perseguir a otra persona y tocarla para no tener que seguir persiguiendo a nadie.
- Jugar de esconder; jugar a esconderse.
- Jugar gallinita ciega; es jugar ruleta rusa pero con dos carros dirigiéndose en dirección del otro. El que se salga del medio primero, pierde.
- Jugar machiche; jugar billar sucio.
- Jugar toco palo; es una mezcla del juego de cojer y el juego de esconder.
- Jugar topos; jugar con dados.
- Jugarse una carta; correrse un riesgo.
- Jugársela fría; tomarse un riesgo.
- Juguetón; que le gusta jugar mucho.
- Julepe; problema.
- Juma; borrachera.
- Jumenta; borrachera.
- Jumeta; borrachera.
- Jurutungo; lugar lejano. Se dice que algo está en el jurutungo cuando está bien lejos.
- Kapikú; se dice cuando se gana un juego de dominó con una ficha que cabe por ambos lados del juego.
- Kikirikí: especie de gallo y gallina miniatura.
- Kospe; pedazo.

- La batata: la pantorrilla.
- La cagá; juego de cartas que lleva este nombre. El as de corazones negros.
- La cagaste; lo hiciste mal.
- La caja de muerto; una máquina de entretenimiento en la que las personas permanecen paradas dentro de una tómbola que da vueltas y cambia de ángulo.
- La caja el pecho; el tórax.
- La calambrina; se dice que a algo o alguien le da la calambrina cuando tiembla mucho.
- La carne no está en el garabato por falta de gato; se le dice a alguien que cree ser el único pretendiente amoroso que uno tiene.
- La cháchara; la juerga.
- La clave; el ritmo de alguna pieza de música. También se le dice a dos pedazos de madera que al chocarse uno contra el otro producen la base rítmica de una pieza musical.
- La cura; la dosis. Puede referirse a heroína, o también a algo que trae mucha satisfacción. Esta es una de las expresiones que vino del bajo mundo y se afianzó en la jerga popular.
- La envidia mata; se le dice a alguien que es envidioso.
- La estaca de amarrar los vagos; se dice de alguien extremadamente vago.

- La estrella; máquina de entretenimiento llevada a los festivales y festividades de Puerto Rico.

- La isla del encanto; Puerto Rico.

- La isla; zonas rurales de Puerto Rico. Todo lo que no es el área metropolitana.

- La jara; la policía. Según mi padrastro Tony, en tiempos de antes la policía usaba un vehículo marca Jeep al que se le llamaba la jara.

- La losa; la ciudad.

- La loseta; la ciudad.

- La luz de alante es la que alumbra; come ahora, que después puede que no haya comida.

- La macacoa; un trastorno emocional.

- La madre de los tomates; se dice que algo tiene hasta la madre de los tomates cuando tiene muchos ingredientes.

- La mancha e plátano; se dice que una persona puertorriqueña se puede reconocer dondequiera porque tiene una mancha de plátano invisible que lo distingue.

- La palma; el partido nuevo progresista. También se le dice el pnp.

- La pava; el partido popular democrático. También se le dice el ppd.

- La pavera; la risa incontrolable de los adolescentes.

- La perrera; la guagua que usan los guardias para transportar los arrestados al cuartel.

- La pescosá de moso; es una cachetada dada a un adolecente cuando le falta al respeto a un adulto. Se dice que es muy necesaria para que los muchachos no se descarrilen.
- La peseta; la gente de Orlando, Florida, le dice así a el club nocturno "Latin Quarter".
- La porra; lugar en morovis(de acuerdo a Cándida Rosario, Titi Can).
- La rabaílla; el hueso del coxis.
- La semana atrasada; la semana antes de la pasada.
- La sin hueso; la lengua.
- La tolta; el techo de cemento armado.
- La volaron; en Mayagüez se le dice asì a una mujer que ha perdido la virginidad.
- La última la paga el diablo; se dice cuando no se sabe cómo se va a pagar algo que se compra a crédito sin poder pagarlo.
- La verdad es hija de Dios; la verdad siempre sale a la luz.
- La yerba que el cabro no masca; anamú.
- Laja; piedra de río muy grande.
- Lambeacera; chancleta, de acuerdo a mi tío Ozcar.
- Lambeojo; persona extremadamente condescendiente o adulante hacia otro. Que rinde pleitecíaa exageradamente.
- Lamber; lamer.
- Lambetuerca; estúpido. Tonto.

- Lambón; persona que rinde pleitecía excesiva a otro. Sinónimo de lambeojo.
- Lapa; persona que no se le despega a uno.
- Laposo; persona que siempre está encima de uno.
- Largo y tendido; en gran cantidad y de mucha duración.
- Las espadas; las plumas más largas del rabo de un gallo.
- Las machinas; las máquinas de entretenimiento que van a las festividades de pueblo.
- Las pailas del infierno; un lugar muy lejos.
- Las picas; juego en el que se apuesta dinero a los caballitos de un hipódromo en miniatura.
- Lasca; un pedazo. Una rebanada.
- Lata; un envase de metal.
- Latón; un envase de metal grande. Una lata grande.
- Latoso; aburrido.
- Lavarse la canoa; bañarse o lavarse el trasero.
- Lavarse las guaretas; bañarse o lavarse el trasero.
- Le corre el alma por el cuerpo; persona que no se precocupa por nada.
- Le da tres patás; es mejor.
- Le dijo hasta del mal que iba a morir; lo insultó de manera grave.
- Le gusta como el agua e fregao al puerco; le gusta mucho.
- Le gusta el juey sacao; no le gusta trabajar.

- Le gusta el trompo bailao; le gusta que otros le hagan su trabajo.
- Le gusta la chiringa elevá; persona que no quiere esforzarse.
- Le huye como el diablo a la cruz; le tiene miedo.
- Le lavaron la cara con agua e fregao; que no se abochorna. Persona atrevida y sin vergüenza.
- Le lavaron la cara con lechuga; persona que no se abochorna. Persona atrevida.
- Le lavaron la cara con meao de puerca; persona con baja moralidad. Que no se abochorna. Atrevido.
- Le llegó el cura e su pueblo; se dice de una persona mala que se encuentra con alguien más bravo que él.
- Le pegó cuernos; le fue infiel.
- Le pegó un chifle; le fue infiel.
- Le sirvieron pa peón; le sirvieron mucha comida.
- Le sirvieron pa troquero; le sirvieron mucha comida.
- Leca y cuarta; juego con canicas.
- Lechada; es polvo que se usa para sellar las hendijas que quedan cuando se instalan losetas.
- Lechi di poti; leche de pote. En algunos pueblos(Lares y Ciales, por ejemplo) la gente pronuncia esta expresión de la manera mencionada.
- Lechón a la vara o a la varita; cerdo asado montado en una vara sobre una cama de carbón.
- Lechón; cerdo.

- Lechosa; papaya.
- Leer la cartilla; darle instrucciones a alguien en forma de regaño. Llamarle la atención a alguien a causa de un error cometido.
- Lekeleke; hablar demasiado.
- Lesna; instrumento para hacer hollos en los matos o gallitos.
- Letrina; baño rústico.
- Ligar; mirar sin ser detectado.
- Ligerito; rápido.
- Límber o límbel; es un vaso lleno de jugo congelado. El más famoso es el de coco. No todo el mundo sabe hacerlos bien. Hay personas que tienen gran talento para hacerlos.
- Limón cabro; una especie de limón muy agrio y del tamaño de una toronja.
- Limón; se le dice a un automóvil de muy mala calidad.
- Limoncillo; ron con jugo de limón.
- Lince; catorce pendejos y tú quince. Es un chiste que se usa para tomarle el pelo a la gente. Se le dice a un amigo que uno compró un lince. Cuando la persona pregunta lo que es un lince, uno le contesta; catorce pendejos y tú quince.
- Lindoro; hombre bonito.

- Lleva; expresión immortalizada por Ismael Rivera, el sonero mayor. La decía cuando se emocionaba mientras cantaba una canción.
- Llovió como tetas de vaca; llovió copiosamente.
- Lo botaron como bolsa e mielda; se dice cuando botan a alguien de mala gana.
- Lo bucean; se dice de algún artículo por el cual la gente está dispuesta a poner esfuerzos extraordinarios para obtener.
- Lo cojieron en pifia; lo cojieron haciendo algo malo.
- Lo cojieron fuera e base; cojieron a alguna persona haciendo algo indebido.
- Lo encajó en el puño; le metió un puño. Se dice cuando se golpea con el puño.
- Lo hizo con las patas; lo hizo mal.
- Lo lindo es que...; se usa cuando se describe una falta de consideración.
- Lo pilé velde; cuando se triunfa sobre algo o alguien. La expresión tiene origen en el acto de sacarle la corteza a una rama de un árbol.
- Lo puse como chupeta; se dice cuando se le dicen las verdades a alguien de frente.
- Lo que le queda es el roto y la peste; se dice de alguien que está en malas condiciones o que ya está muy viejo.
- Lo que le queda es el solar y se lo debe al gobierno; alguien que ya está demacrado o en malas condiciones.

- Lo que le tumbó el pelo a Manolo Orquiza; se dice de algo que es de buena calidad. Manolo Orquiza fue un presentador de televisión en Puerto Rico.
- Lo tengo en la punta e la lengua; se dice cuando se está a punto de recordar el nombre de algo o alguien.
- Loca; hombre homosexual.
- Lonchera; anglicismo usado para describir la cajita donde los niños llevan su merienda o almuerzo. Viene del inglés; "lunch box".
- Loquita; hombre homosexual.
- Los aleluyas; perteneciente a la religión cristiana protestante pentecostal.
- Los atalayas; los testigos de Jehová.
- Los caballitos; máquinas de entretenimiento. Es un carrusel en el cual caballitos de madera dan vuelta con niños montados encima.
- Los camarones; policías encubiertos.
- Los carritos locos; los carros eléctricos en miniatura que se encuentran en los carnavales de entretenimiento.
- Los cerdos; así le llaman los criminales a los policías.
- Los encubiertos; policías encubiertos. Generalmente se refiere a la división de narcóticos.
- Los palitos; la clave. Son pedazos cilíndricos de madera que se chocan para marcar el ritmo de alguna música.
- Los pay; los padres.

- Los perros; policías de narcóticos según se les dice en los caseríos.
- Los puercos; así le llaman los criminales a los policías.
- Los tiempos de María Castaña; hace mucho tiempo.
- Lucìo; persona que busca la atención de los demás. También puede referirse a alguien que se encuentra visible y extremadamente emocionado.
- Lucumí; se le llama la religión del lucumí. "Oluku mi" significa amigo en la lengua Yoruba. Fue traída a las antillas por nuestros antepasados africanos del oeste de Africa.
- Luz roja; la menstruación.
- M y m ; manteca y mierda. Es una broma que se le dice a una persona que tiene un estómago grande.
- Mabí; bebida hecha con la cáscara del mabí.
- Macana; un pedazo de madera cilíndrico, que se usa como arma. Es una palabra taína.
- Maceta; tacaño. También se usa para describir instrumento de cocina que se usa para triturar alimentos. Se usa en conjunto con el pilón. También es otro nombre para el pene.
- Macetero; jugador de baloncesto que comete muchas faltas personales.
- Machacar; triturar o persistir.
- Machucar; aplastar.
- Macrón; el rey de los cabrones.

- Mafafo; un tipo de guineo que tiene la cáscara púrpura.

- Mafú; marihuana.

- Majadero; molestoso.

- Majar; moler o compactar.

- Majarete; dulce tradicional hecho con coco y leche. Es como una crema.

- Maje; insecto parecido al mosquito. Hay quien le llama maje a los mosquitos. Generalmente se usa para describir los mosquitos que habitan las costas.

- Malamañoso; persona con malas costumbres.

- Malanga; raíz comestible. Típicamente es púrpura.

- Malango; persona sin mucha coordinación o débil.

- Malas lenguas; habladurías.

- Maldito sea un dolor; expresión de frustración.

- Malito; enfermo.

- Maloja; Generalmente se usa para describir la hierba que crece silvestre. Otro nombre para la marihuana.

- Mamabicho; insulto grave a un hombre. Implica que le chupa el pene a otro hombre.

- Mamao; tonto o ignorante. Se origina del hecho que los niños que todavía maman de la teta de su mamá, no tienen juicio.

- Mamey; fruta tropical con pulpa color anaranjado.

- Mameyaso; un golpe fuerte.

- Mamito; hombre de buena apariencia.

- Mamotreto; documento o libro con muchas páginas.
- Mampostial; dulce confeccionado con coco. También se le dice marrayo.
- Mangar; ver o sorprender a alguien. Comprar.
- Manilo; se le dice a alguien que no tiene valentía o no sabe pelear. Se dice que alguien salió manilo cuando huye ante el miedo.
- Manisuelto; persona que le gusta darle a los demás.
- Manito; manita.
- Manquimán; en Mayagüez se le dice así a un cangrejo con una palanca muy grande.
- Manteca; grasa. También puede significar heroína.
- Mantecadito; un tipo de confección dulce horneada, hecha con harina y azúcar. También se le llaman polvorones.
- Mantengo; lo mismo que el chochín. Comida donada por el gobierno para la gente pobre.
- Mapo; trapeador. Anglicismo proveniente de la palabra "mop".
- Maquén; algo de muy buena calidad. Excelente.
- Maqueta; modelo de una estructura. Parece venir de la palabra francesa "maquette".
- Maraca; instrumento autóctono de Puerto Rico hecho con coco y semillas. Es una palabra Taína.
- Maranta; mucho pelo sin peinar.
- Marasmo; estado físico después de una borrachera.

- Marca el diablo; un producto de baja calidad.

- Marica; hombre homosexual.

- Maricón; hombre homosexual.

- Marota; crema de arina de maíz con carne adentro.

- Marrayo parta; lo mismo que marrayo pele. Expresión de coraje.

- Marrayo pele; se dice cuando algo le sale mal a uno.

- Marrayo; dulce hecho con azúcar y coco. Lo mismo que el mampostial.

- Marrón; palabra proveniente del idioma francés. Lo mismo que color café o castaño.

- Más cerrao que un tubo e radio; persona con poca inteligencia. Ya no se usa esta expresión porque los enseres eléctricos raramente usan tubos transistores hoy dìa.

- Más combinao que una papeleta e 35 chavos; se dice de alguien que viste con colores combinados. La expresión hace referencia a las papeletas usadas para apostar a las carreras de caballos en Puerto Rico.

- Más duro que un mojón de guayaba; tacaño. Se refiere a la percepción de que el que come guayabas desarrolla estreñimiento.

- Más feo que una mordía de puerco arisco; muy feo, según Juan Carlos.

- Más feo que una patá en las bolas; muy feo.

- Más feo que un tiroteo en un ascensor; muy feo, según Gilbertito.
- Más jalao que un sorbeto e comedor; una persona que está muy desmejorada o flaca, según Joey.
- Más jalao que un timbre de guagua; se dice de una persona que está flaca o con signos visibles de malnutrición o cansancio. La expresión viene del hecho que en el pasado los autobuses de transportación pública tenían un cable que uno halaba y hacía sonar un timbre para avisarle al conductor que detuviera el autobús.
- Más jincho que un peo; pálido o sin color.
- Más lento que un suero e brea; muy lento.
- Más lento que una caravana e cojos; muy lento.
- Más lindo que un repollo; es muy lindo.
- Más loco que el rabo e una yegua; estar muy loco.
- Más malo que cagar parao; se dice de una persona con muy poca habilidad ya sea en un deporte o en algo que requiera talento.
- Más malo que un límber de gas; muy malo.
- Más o menos; aproximadamente.
- Más que jode; se le dice a alguien a manera de sustantivo que describe lo mucho que molesta.
- Más sabe el diablo por viejo que por diablo; esta expresión se explica por sí sola.
- Más sordo que una tapia; persona sorda.

- Más vale pájaro en mano que cien volando; no dejes lo que tienes seguro por ir detrás de ilusiones.

- Masacote; algo muy bueno. La frase "cucutín masacote" la inmortalizó Marvin Santiago.

- Mascaúra; mascadura de tabaco. Tabaco para mascar.

- Masilla; se usa para cubrir faltas en la madera.

- Masticando el difícil; hablando inglés.

- Mata; planta.

- Matadero; lugar donde se sacrifican animales para obtener su carne.

- Matahambre; un pedazo de pan dulce redondo que se vende en las tienditas de dulces en la isla. Ya no es tan popular como antes.

- Mataíto; en mal estado.

- Mate; el acto de acariciarse y besarse apasionadamente.

- Material; droga.

- Mato o gallito; semilla del algarrobo usada por los niños puertorriqueños para jugar un juego en el que la primera semilla que se rompa, pierde.

- Matraca; objeto desconocido.

- May; madre.

- Mazurca; un tipo de composición musical.

- Me bua a caballo y vengo a pie; se dice cuando se está frustrado.

- Me cago en la ostia; una maldición o blasfemia muy seria.

- Me fui cantando la borinqueña; me fui tranquilo.
- Me importa tres carajos; una mala manera de decir que no me importa.
- Me importa un pito; no me importa.
- Me lo pelaste; se le dice a alguien que hace un chiste que no da risa.
- Me quedé con la carabina al hombro; me quedé con las ganas.
- Me quedo bobo; estoy sorprendido.
- Meaíto; flamboyán africano. Este árbol fue traído a la isla por los españoles y se ha convertido en una plaga. El sobrenombre viene del hecho de que las flores tienen una parte que cuando uno la aprieta, bota un chorro de líquido.
- Meao; orines.
- Mear dulce; eyacular. A los muchachos adolecentes se les pregunta si ya mean dulce a manera de broma para saber si ya están fértiles.
- Mear; orinar.
- Medecina; medicina.
- Medionidad; se dice de una persona que puede comunicarse con los muertos o con los espíritus.
- Mejunje; una mezcla de comidas sin receta. También puede referirse a una mezcla de lìquidos naturales usada para curar alguna enfermedad.

- Melaza; uno de los componentes de la mezcla que se fermenta para hacer ron. A veces se usa para describir algo muy bueno.

- Mato o gallito; semilla del algarrobo usada por los niños puertorriqueños para jugar un juego en el que la primera semilla que se rompa, pierde.

- Mengano; persona a la que no se le conoce el nombre.

- Mentao; mencionado.

- Mentar; mencionar.

- Mequetrefe; persona indeseable.

- Mera; mira.

- Mersipersi; se le dice a objeto para el cual no se sabe el nombre.

- Mestura; se le llamaba así a la sal y el tocino. Hoy día se le llama a la carne que se sirve con el arroz y las habichuelas.

- Meter mano; trabajar, o tener sexo.

- Meter; tener sexo.

- Meter caña; hacer un esfuerzo grande.

- Meter las patas; cometer un error. También se puede referir a una mujer joven que queda embarazada antes de casarse y sin haberlo planificado.

- Meterle el pecho; confrontar una situación.

- Meterle las cabras al corral; amedrentar a alguien.

- Meterle los cucos; amedrentar a alguien.

- Métete la lengua en el estuche; cállate.

- Mezcla; se le dice a la mezcla de cemento, piedra, arena y agua.
- Mezcolanza; mezcla no tradicional.
- Mi que ostia; es un tipo de blasfemia que se usa para expresar incredulidad y descontento a la misma vez.
- Mica; en el barrio el Cotto de Arecibo, la vagina de la mujer.
- Miel de pulga; un tipo de miel muy espesa que se le da a las vacas para que engorden.
- Mielda e; mentira.
- Mientras tanto; en lo que, mientras se espera.
- Mijo; se usa para los hijos o para darle un consejo a alguien.
- Mingo o minga; bola blanca en el juego de billar
- Mingolo; en la plaza del mercado de Mayagüez se le dice así al arroz que se le pega al fondo del caldero. En otros lugares se le llama pegao.
- ¡Mire puñeta!; se le dice a alguien antes de pelear con èl, o para que heche para atrás. Se dice con coraje y determinación.
- Mística; persona que no le gusta ensuciarse.
- Mocheta; el marco donde va montada una ventana de una casa.
- Moco; la secreción de las mucosas de la nariz. También se puede referir a una persona muy fea.

- Mofongo; plato confeccionado con plátanos verdes fritos y luego majados en un pilón con chicharrón de cerdo, ajo, y aceite.

- Mogolla; una mezcla de comida sin receta.

- Moho; herrumbre.

- Mohoso; lleno de herrumbre. También se le llama a estar fuera de práctica.

- Mojando la vara e mear; teniendo sexo, según la gente de Corozal.

- Mojito; salsa.

- Mojo; lo mismo que mojito.

- Mojón; pedazo de mierda.

- Mollera; es un espacio sin osificar en la parte superior del cráneo de los recién nacidos.

- Mollero; se refiere a los músculos del biceps.

- Mondao; persona que está sonriéndose ampliamente.

- Mondongo; plato tradicional hecho con verduras y estómago de vaca.

- Mongo; flácido, sin rigidez. También puede referirse a un chiste que no da risa.

- Mono sabe el palo que trepa; describe el hecho de que las personas sabias escojen sus enemigos de manera astuta.

- Morao; un tipo de guineo con la cáscara púrpura. También se usa para describir el color púrpura. Cuando una persona recibe un golpe en el área del ojo y desarrolla un hematoma, se dice que tiene un ojo morao.

- Morcilla; los instestinos del puerco, llenos de sangre, condimento y arroz y luego fritos en aceite para comer. Durante los tiempos de la esclavitud, los dueños de los esclavos le daban las sobras del cerdo a los esclavos. De esta manera surgieron platos como los cuajitos, las morcillas, y las patitas de cerdo.

- Moretón; hematoma.

- Morisqueta; sinónimo de mueca.

- Moriviví; una planta que cuando se toca, cierra sus hojas y al rato las vuelve a abrir.

- Morra; es el estado letárgico inmediatamente después de despertarse.

- Morronga; se le llama al pene.

- Mostro; muy bueno.

- Motetes; pertenencias.

- Mover cielo y tierra; hacer un esfuerzo grande.

- Múcaro; lechusa.

- Mueca; expresión facial exagerada.

- Muermo; enfermedad que le da a los gallos y gallinas donde el cuello se le vira.

- Muerto; un obstáculo puesto en la carretera para hacer que los carros bajen de velocidad. También se le llama al sitio donde se esconde algo ilegal.

- ¿Muerto, quiere misa?; es una aseveración en forma de pregunta. Es otra forma de decir que sí.

- Mugao; asustado. También puede significar constrito. Generalmente se usa para describir un caballo cuando se asusta. Se distingue porque las orejas apuntan hacia atrás. Se debe tener cuidado cuando el caballo hace esto, pues puede patear.
- Múscula; bebida alcohólica hecha clandestinamente en las cárceles de Puerto Rico.
- ¡Na!; no, nada.
- Nacarile del oriente; otra manera de decir no.
- Nadie sabe lo que está en la olla na' mas el que lo menea; sólo quien está viviendo una situación conoce la realidad de la misma.
- Naiden; nadie. Palabra jíbara.
- Ñame; raíz comestible que nace silvestre en Puerto Rico. Se sabe que está listo para sacar cuando el bejuco se torna violeta y la hoja se pone amarilla.
- Ñampear; robar.
- Ñapa; algo gratis o adicional.
- Ñaqui; un bocado pequeño.
- ¿Nene y qué es?; ¿qué te pasa?
- Ni botándolo se acaba; expresión que denota abundancia de algo.
- Ni fu ni fa; se dice que alguien no dice ni fu ni fa si no emite una opinión o no toma acción.
- Ni pa Dios; se dice cuando uno se rehúsa a hacer algo.
- Ni pa nadie; se dice para rehusarse a hacer algo.

- Ni pa ya bua mirar; se dice cuando se ignora algo.
- Niuyorican; persona nacida y criada en Nueva York, de padres puertorriqueños.
- No aparece ni por los centros espiritistas; persona que no aparece.
- No comas con los ojos; se le dice a alguien que se sirve más comida de la que puede comer.
- No cree ni en la luz eléctrica; se dice de una persona atea.
- No cuques el avispero; se le dice a alguien para que no cree una situación que le puede perjudicar.
- No da abasto; no tiene los medios para producir la cantidad adecuada.
- No da un tajo ni en defensa propia; persona muy vaga.
- No dijo ni ji; no dijo nada.
- No dijo ni pío; no dijo nada.
- No ensucies el agua, que después te la tienes que tomar; no hables mal de alguien, pues puede que tengas que volver a necesitarlo.
- No es cáscara e coco; no es fácil.
- No es lo mismo ni se escribe igual; es extraordinario.
- No hay mal que dure cien años ni cuerpo que lo soporte; esta expresión se explica por sí sola.
- No hay mal que por bien no venga; se le dice a alguien para darle aliento mientras pasa por una mala experiencia.

- No hay peor cuña que la del mismo palo; se dice cuando un hijo se rebela contra sus padres o cuando alguien proveniente de alguna organización ataca la misma.
- No hay quien le beba el caldo; una persona con mala actitud.
- No hay quien le heche un pie alante; no hay quien le gane.
- No hay quien te la despinte; no puedes evitar tu castigo.
- No la hace; alguien que no da la talla.
- No la tira; no es exitoso.
- No le coja miedo al bulto; se le dice a alguien para no dejar que el tamaño del reto lo amedrente.
- No le des cuerda; se le dice a alguien para que no provoque a otro a enfurecerse.
- No le des mucha vuelta al asunto; sé conciso. Ve directo al problema.
- No le hace; no importa.
- No le hagas caso; no le prestes atención.
- No lo aseguran; se dice de una persona al borde de la muerte y a quien los doctores le dan poca probabilidad de sobrevivir.
- No lo heches en un saco roto; no lo olvides.
- No lo salva ni el médico chino; no hay esperanza.
- No lo trabajo; no vendo esa marca o tipo de artículo.
- No me chupa un límbel; se dice de alguien que no le cae bien a uno.

- No me juegues; expresión de incredulidad.
- No me vengas; se le dice a alguien que trata de hacerle trampa a uno.
- No para la pata; persona que anda siempre moviéndose.
- No pare más; no da más.
- No por mucho madrugar amanece mas temprano; se explica por sí solo.
- No pue ser; no puede ser.
- No revuelques la mierda; no hagas la situación peor.
- No te dejes poner pilas; no te dejes agitar o molestar.
- No te duermas; no te dejes hacer trampa.
- No te lambas que no es melao; esto no es para ti.
- No te pegues que no es bolero; se le dice a alguien para que se mantenga alejado de uno.
- No te pongas; no te atrevas.
- No te vistas que no vas; no estás invitado.
- Ñoco; nudillo. Esta palabra parece venir de la palabra "knuckles", que es el término en inglés para describir los nudillos.
- Ñoña; caca.
- Nonine; no.
- Norsa; enfermera. Anglicismo proveniente de la palabra "nurse".

- Nota; calificación escolar. También puede referirse a un estado de estupor bajo los efectos del alcohol o alguna droga.
- Notas; calificaciones.
- O bailamos to el mundo o rompemos la radiola; expresión favorita de mi gran amigo fenecido, Iván Rivera. Se refiere a la realidad de que todos tenemos derechos.
- O pare o revienta; no hay manera de evitarlo.
- Obatalá; deidad de la religión de la santería.
- Ochún; deidad de la religión Yoruba asociada con virgen de la caridad del cobre.
- Octavitas; se celebran después de la navidad.
- Octavo; un octavo de kilo.
- Ojalá; deseo de que algo suceda. Viene de la influencia árabe en España. "Oh Alah" es su origen.
- Ojos de vaca cagona; ojos grandes.
- Olvídate de los peces de colores; no te distraigas.
- Ordinario; torpe, según Mama Mery.
- Orita mismo; hace un momento.
- Orita; dentro de un rato.
- Ortegón; árbol de muy buena madera.
- Ortiga; planta silvestre que tiene espinas en las hojas.
- Orula; deidad de la religión Yoruba.

- Ospera (acento en la O); es un objeto desconocido que se usa en las expresiones de coraje "¡Qué óspera!" y "¡me cago en la óspera!".
- Otro que tal baila; se dice de una persona que tiene las malas costumbres de otro.
- Oyá; deidad de la religión Yoruba asociada con la virgen de la candelaria.
- Pa luego es tarde; se dice cuando se tiene que hacer algo inmediatamente.
- Pa pau; se le dice a un infante para amonestarlo antes de darle una nalgada. Es un anglicismo que proviene del ingles "pow".
- Pa que goce; para que disfrutes.
- Pa' seguida; inmediatamente.
- Pa'encima gallo bolo; se usa para dar entusiasmo a alguien.
- Pachanga; fiesta.
- Pachoso; persona que empalaga o que cansa con su presencia.
- Pachotá; un acto irrespetuoso o un incidente bochornoso.
- Paila; envase de cinco galones. Usualmente de pintura. Quizas sea un anglicismo proveniente de "pail".
- Pájaro en mano vale más que cien volando; no dejes lo que tienes por promesas en el aire.
- Pajlote; se le dice Juan de los pajlotes a una persona sin importancia.

- Pajuato; tonto. English-(pahwhoáhtoh); dummy, not smart.

- Pajuil; una fruta tropical de Borinkén. English-(pahwhéel). Tropical fruit from Borikén(Taìno indian name for Puerto Rico.)

- Pal carajo los obreros que se acabó la mezcla; todo el mundo para su casa, que se acabó el trabajo.

- Pal cercao; Se le dice alguien después que eructa sin disculparse. English-(Pahl sirkah-o). It is said as a joke to someone who burps out loud without excusing themselves. It means; go to the pasture.

- Palancù; cangrejo o camarón de río de bocas grandes. English-(pahlahnkúh). It's sort of a river lobster, with large claws.

- Palangana; un envase grande para recojer agua. Generalmente es más ancho que alto. English-(Pahlahnghána). Bucket that is wider than it is tall.

- Palero; persona miembro de una religion que se dice desentierra muertos en sus rituales. English-(pahléhro). Member of a religion said to disenterr dead people.

- Paleteao; usado con mucha frecuencia. Gastado. English-(Pahlehte-áh-o). Worn out.

- Pali; xanax o benzodiazepine. Hay personas que usan esta medicina para drogarse. Es muy adictiva. English-(páhlee). Xanax or benzodiazepine.

- Palmetazo; golpe dado con la mano abierta. English-(pahlmehtáhsoh). A blow with an open hand.

- Palo encebao; un juego en el que los hombres intentan cojer una bandera puesta encima de un madero alto que ha sido engrasado. El grupo que logre cojer la bandera, gana dinero. Es un deporte muy peligroso.
- Palo que nace doblao jamas su tronco endereza; la gente nunca cambia.
- Pámpana; la vagina de la mujer. También se le llama al bulbo púrpura al final del racimo de guineos.
- Pámper; pañal desechable. Anglicismo proveniente del nombre de una marca de pañales desechables para niños.
- Pan de cachete; pan de hogaza. El pan que se sirve con el chicharrón.
- Pana e pepita; parecen panapenes pero tienen semillas comestibles adentro. Se hierven y se comen. Son muy deliciosas. Dicen que ponen a la gente a tirar peos.
- Pana; amigo.
- Panapén; también se le llama pana. Una fruta verde con pulpa blanca. Se usa para hervir, freir, o majar, y comer. Crece en un árbol frondoso. Este fruto fue introducido por los españoles para alimentar a los esclavos que trajeron para trabajar en las plantaciones de Puerto Rico. Produce muchos frutos frecuentemente.
- Pandero de plena; tambor que se agarra con la mano y se usa para tocar la música puertorriqueña de la plena.
- Panfla; persona sin malicia ni coordinación.
- Pantunfla; viene de la palabra francesa"pantoufle".

- Papaya; fruta tropical.

- Papear; comer.

- Papi; se le puede decir a un padre, a un hijo, o a un amigo.

- Papi chulo; expresión de cariño a un hombre o aun niño.

- Papi lindo; asi te dice mi primo Johnny.

- Papujo; tonto.

- Paquetero; mentiroso.

- Parcela; pedazo de tierra. Se le dice así si es donado por el gobierno.

- Parcelero; se le dice así a persona que vive en una parcela. Es un término despectivo.

- Parcha; fruta tropical. En otros países se le dice maracuyá.

- Pargo; hombre que se deja sacar dinero.

- Parranda; ofrenda musical navideña. En esta tradición familiares y amigos se juntan para llevar música típica puertorriqueña a las casas de familiares y amistades.

- Parrandón; una parranda con mucha gente.

- Partirse; actuar como homosexual.

- Pasamano; una baranda para afianzarse.

- Pasando el macho; hacer algo sin seriedad o sin dedicación.

- Pasar muerto; se dice de gente que pueden ver o sentir la presencia de gente ya fallecida.

- Pasmarse; mezcla de susto y bochorno.
- Pasó el Niágara en bicicleta; se dice de alguien que pasó una situación difícil.
- Paso las de Caín; pasó momentos difíciles.
- Pasta y queso; se dice que alguien le dio pasta y queso a alguien, si le gana de manera fácil.
- Pasteles; son unas especies de tamales hechos con guineo, y otras verduras. Son rellenos de carne, pollo, y cerdo.
- Pata abajo; con el acelerador hasta el fondo.
- Pata; lesbiana.
- Patatú; evento catastrófico de la salud.
- Patitas e cerdo; los pies del cerdo cocinados en holla de presión. Generalmente se sirven con garbanzos y arroz blanco.
- Pato; hombre homosexual.
- Pava; sombrero hecho de paja.
- Pay; padre.
- Pecho e paloma; hombre que siempre anda con el pecho salido hacia el frente.
- Pedir el sì; pedirle a alguien que sea tu novia.
- Pegao; el arroz que se pega al fondo del caldero. También se le dice a alguien que es famoso.
- Pegarle un vellón a alguien; burlarse de alguien de manera insistente, mientras la persona está presente.
- Peje; tinglar. También se le llama así al tiburón.

- Peje maruca; trampa. Se usa como parte de la expresión "eso huele a peje maruca".
- Pejiguera; situación incómoda.
- Pelagato; se dice de una persona considerada insignificante.
- Pelao; sin dinero.
- Pelea hasta dentro de un saco; persona a quien le gusta pelear.
- Peleíta monga; insistencia sin agresión.
- Pendejá; problema. Expresión vulgar o de mal gusto.
- Pendejo; persona con mal juicio.
- Peñón; una piedra grande.
- Pensando en musarañas; pensando en cosas inútiles.
- Pensando en pájaros preñaos; pensando en cosas inútiles. Distraído.
- Peo; pedo.
- Pepa; semilla o fuerza.
- Pera maraya; pomarosa.
- Perder la chabeta; enfurecerse.
- Perder la tabla; enfurecerse.
- Perra; algunos jovenes de hoy día le dicen así a su amante.
- Perreo o perrear; el acto de bailar la música boricua del reguetón.

- Perrillo; machete pequeño y muy afilado. En el pasado se usaba como herramienta y como arma.
- Perro pendejo no chicha; el que no se esfuerza no triunfa. Cortesía de Tío Dany.
- Perro sato; perro que no es de raza.
- Perro; se dice de algo que es excepcional.
- Persona con cascos calientes; persona iracunda.
- Pescosá ; un golpe.
- Pescuezo; cuello.
- Pescuezo e telmo; se le dice a alguien que camina de una manera muy erguida. La expresión parece originarse en el hecho de que los termos (un envase con aislamiento térmico para conservar comida o bebida) eran largos y derechos. La palabra termo es un anglicismo de la marca "thermos".
- Peso; dólar.
- Petacas; nalgas.
- Petardos; explosivos pequeños de aproximadamente una pulgada de largo y un octavo de pulgada de espesor que se usan para hacer ruido en las fiestas navideñas. Son ilegales en Puerto Rico, pero no parece que lo fueran.
- Pica más que un gallo inglés; una persona que obtiene dinero de muchos lados.
- Pica pica; planta que produce fruto con vellos que producen picazón.

- Pica; juego de azar usado en las fiestas patronales. Parece un carrusel con caballitos de madera en miniatura que dan vueltas.
- Picá; picada. También se refiere a una puñalada.
- Pícale gallo; se le dice a un gallo de pelea para que pelee duro en la pelea.
- Picao; borracho.
- Pichar pa loco; hacerse el loco.
- Pichar; hacerse el loco.
- Pichipén; producto de madera de baja calidad. Paneles hechos con el aserrìn compactado de la madera.
- Pichón; las crías de los pájaros.
- Picota; herramienta usada para trabajar en el suelo.
- Picotear a alguien; sorprender a alguien en el acto o recojerlo.
- Picúa; especie de cometa hecho con papel de libreta.
- Pidió cacao; se dice de alguien que pide ayuda o pide misericordia.
- Pidió la bomba; se dice de alguien que se rindió.
- Pie de plomo; viene de la frase en ingles "lead foot", describiendo a alguien que guía rápido.
- Piedra angular; la base.
- Pif paf; de baja calidad. Pif paf era una tirilla cómica.
- Pileta; parece un fregadero. Está instalado afuera de la casa.

- Pillar; sorprender a alguien.
- Pillería; trampa.
- Pilón; instrumento de cocina que se usa para hacer mofongo y triturar alimentos.
- Pimpera o pipera; hartura de comida.
- Pimpote; un mojón dentro de un pote.
- Pinchar; atrapar.
- Pintando monos; persona que actúa erráticamente por los efectos de alguna droga. Así se le dice en Bayamón.
- Píntate pal carajo; se le dice a alguien para que se vaya. Es una manera vulgar y agresiva de decirlo.
- Pionono; es un aperitivo puertorriqueño. Tiene forma circular, con algún tipo de carne o marisco en el medio, y rodeado por pedazos de plátano maduro frito. Son deliciosos.
- Pipa; barriga.
- Pipón; tiene barriga grande.
- Pipote; barril.
- Piquete o con piquete. Se le dice a una bola que viene dando vueltas. También puede ser el acto de hacer huelga. Es un anglicismo proveniente de la palabra "piquet".
- Piquijuye; mosquito.
- Piquiña; picor intenso.
- Pirúa; se usa para describir un tipo de guayaba con el cuello fino.

- Pisar; cuando el gallo monta a la gallina.
- Pisicorre; guagua pequeña usada para transportación pública.
- Pistero; el aditamento que se le pone a una manquera para controlar la presión y el patrón en que sale el agua.
- Pistoque o pistoquito; un objeto desconocido. Generalmente tiene rosca.
- Pitando no llega el viento; otra manera de decir que es necesario trabajar por lo que uno quiere.
- Pitar un juego; arbitrear un juego de baloncesto.
- Pitirre; pájaro pequeño de Puerto Rico de gran valentía.
- Pitiyanqui; persona que endiosa a los Estados Unidos de Norteamérica.
- Pitorro; bebida alcohólica potente confeccionada en la casa.
- Pitrinche; ron hecho en casa. Es clandestino y muy fuerte.
- Plasta; incompetente. También se refiere a un pedazo de caca de consistencia blanda.
- Plegoste; es sinónimo con embarre. Se dice cuando algo pegajoso se derrama sobre una superficie.
- Plena; ritmo musical originado en Puerto Rico. Se dice que viene del barrio San Antón en Ponce.
- Plomazo; un tiro con arma de fuego.
- Pluma; bolígrafo.
- Polilla; insecto pequeño que come madera.

- Pomarosa; fruta tropical. También se le dicen peras marayas.
- Ponce es Ponce y el resto es parking; la gente de Ponce dicen esto para alardear acerca de su pueblo.
- Ponchar; visitar la novia.
- Ponche; embarcación pequeña utilizada para navegar rìos de poco caudal.
- Pon de tu parte; haz un esfuerzo.
- Poner el cabro a velar las lechugas; una mala decisión.
- Ponerse al día; pagar lo adeudado u obtener información corriente sobre algún asunto.
- Ponerse las botas; darse gusto. Satisfacerse.
- Poner un huevo; cometer un error.
- Ponsoña; el tórax y abdomen de un insecto. El trasero de una mujer.
- Ponsoñúa; se le dice a una mujer con caderas y trasero amplios.
- Ponte pa tu numero; se le dice a alguien para que recitifique su comportamiento.
- Ponte pálido; se le dice a alguien tacaño para que contribuya dinero.
- Popeta; se le llama a algún objeto para el que no se tiene un nombre. También puede referirse al pene del hombre.
- Popof; de alta alcurnia, muy fino.
- Pópulos; zapatillas deportivas de bajo precio.
- Poquitito; muy poco.

- Por allá jumea; por allá se encuentra.
- Por debajo e la mesa; clandestinamente. En secreto. Sin pagar impuestos.
- Por dondequiera; en todos lados.
- Por la maceta; muy bueno, muy bien. En buenas condiciones.
- Por las pailas del infierno; lejos.
- Por poco; estuvo muy cerca.
- Por poquito; estuvo muy cerca.
- Por potrito y no fue llegua; casi casi. Por poco.
- Por si acaso; en caso de que.
- Pordiosero; mendigo.
- Porebajo; por debajo.
- Porfiar; aseverar ciegamente.
- Porqueriza; lugar donde se crian cerdos.
- Posta; cantidad de la apuesta en una pelea de gallo. También puede ser un pedazo de carne.
- Postizo; no es de verdad.
- Pote; lata, segun la gente en Ponce.
- Potoquito o potoquita; persona de estatura baja.
- Pozomuro; pozo séptico.
- Prender de gancho; cuando se siembra una planta usando las ramas en vez de la semilla.
- Prensao; se dice de un hombre con buena definición muscular.

- Prensejo; persona desconocida.
- Prieto o prieta; negro o negra.
- Primeriza; mujer que da a luz por primera vez.
- Pringamoza; una hierba que al tocarla produce una reacción alérgica muy fuerte en la piel.
- Puchungo o puchunga; expresión de cariño. Significa querido o querida.
- Pui pa'bajo; por ahí para abajo.
- Pujilato; problema.
- Pun, cayó la piedra; se dice para que se haga silencio. Es parte de un juego de niños en el que el ganador es el que haga silencio por más tiempo.
- Punalá; punalada.
- Puñales; hay gente que lo dicen por no decir puñeta.
- Puñeta; interjección usada para describir descontento. El acto de masturbarse.
- Punto ñema; una fracción insignificante.
- Purrón; envase de plástico grande.
- Puso pie en polvorona; se fue apresuradamente.
- Puta; prostituta.
- Putipuerca; insulto usado contra una mujer.
- Putona; mujer sensual en la cama.
- Puya; sin azúcar. También se le llama a una espina u objeto punzante.
- Puyar; tener sexo,según la gente de Ponce.

- ¡Qué cojones!; se dice para expresar asombro o descontento acerca del atrevimiento de otra persona.
- ¡Qué budín!; se le dice a una persona atractiva.
- ¡Qué cosa cabrona!; !qué impresionante!
- Que da nausea; en gran cantidad.
- ¿Qué es lo tuyo capuyo?; ¿Qué te pasa?
- ¡Qué huevo!; ¡Qué error!
- ¡Qué leche!; ¡qué suerte!
- ¡Qué mamey!; ¡qué fácil!
- ¡Qué mostro!; ¡qué magnífico!
- ¿Qué pajó?; ¿qué pasó? Hola. ¿Cómo estás?
- ¡Qué pedrá!; es un comentario vulgar y ofensivo que se le dice a una mujer embarazada. Denota que lo que tiene es hinchazón y no embarazo.
- ¡Qué pollo!; ¡qué guapo! Expresión favorita de mi titi Cuki cuando describe a un joven buen mozo.
- Que se matan dos; mi tía dice así cuando oye canciones con mal ritmo.
- ¡Qué va!; no.
- Quebrá; quebrada.
- Quebrada; un río de poco caudal, que desemboca en un río más grande.
- Quedar nuevo; sentirse muy bien después de algún evento.

- Quedar retratao; se dice cuando algún secreto o suceso bochornoso de uno, queda expuesto al público.
- Quedarse puyú; quedarse con las ganas de hacer algo.
- Quedé muerto y podrido; expresión de asombro e incredulidad.
- Quemando liga; teniendo buen rendimiento. Se dice que un jugador de beisbol está quemando liga cuando su promedio de bateo es muy alto.
- Quemarse las pestañas; estudiar mucho.
- Quemazón; se le dice al estado físico el día después de una borrachera.
- Quenepa; fruta tropical. En otros paìses se le dice mamoncillo.
- Quesito de hoja; un tipo de queso hecho en Puerto Rico.
- ¿Ques la que?; ¿cómo estás?
- ¿Quién te dio vela en este entierro?; se le dice a alguien para que no se inmiscuya. Es como decir " no te metas".
- Quiere son ganas de no dar; da sin preguntar.
- Quincallero; persona que va de barrio en barrio vendiendo diferentes articulos. Un hombre que tiene hijos por todos lados.
- Quinto; una conga que se usa para seguir o repicar contra el bajo o la tumbadora.
- Quisquilloso; rencoroso.
- Quitarse; dejar de hacer algo.
- Rabaílla; el cóccix.

- Racha; una serie de eventos. Por ejemplo, se dice que se tiene una mala racha cuando las cosas no le salen bien a uno.

- Radio bemba; persona que habla mucho de los demas. Chismosa, bochinchera.

- Raja; pedazo. Generalmente de alguna fruta.

- Raja e leña; se le dice a algo o alguien a manera de insulto leve. Denota baja calidad o con poca fuerza.

- Raspacumlaude; término utilizado para describir un porciento bajo en las calificaciones de un estudiante de universidad. Es una boricuada del latín MAGNA CUM LAUDE. Quiere decir que el estudiante paso la clase pero por poco no la pasa.

- Rasqueta; borrachera.

- Rasquiña; picor, comezón.

- Rebulear; hacer desorden.

- Recobecos; lugares fuera de la via principal. Se puede usar para negocios o áreas.

- Recorte banda blanca; recorte que me daba tío Angel a petición de mami. Estilo militar.

- Refunfuñar; protestar, quejarse de manera verbal. English-rehfoonfoonar; to complain verbally.

- Regodearse; demorarse.

- Reguerete; desorden.

- Reguero; desorden.

- Reìrse de lo lindo; reìrse mucho.

- Rejoyanco; un hoyo enorme.
- Relajar; bromear.
- Relleno de papa; papa molida frita hecha en forma de bolita y con carne molida en el centro.
- Repunante; persona repugnante o de mal carácter.
- Requinto; una guitarra de tono alto o un pandero de plena para repicar.
- Retollar; se refiere a una planta que se regenera.
- Retrajila; un grupo.
- Revolú; desorden, problema.
- Riachuelo; río de muy poco caudal.
- Rial; moneda española llamada real. En la antigüedad la gente decía que se iban a buscar un rial cuando iban para el trabajo.
- Rialengo; se refiere a alguien que anda sin rumbo o que no tiene donde vivir. Usualmente se usa para describir a un perro que no tiene amo y vive a la intemperie.
- Rìo revuelto, ganancia de pescadores; parece que cuando los rìos se revuelcan la pesca mejora.
- Risco; precipicio.
- Ristra; un conjunto de objetos amarrados en fila.
- Rompecuna; una persona que es mucho mayor que su joven pareja.
- Rompepecho; se le dice a los cigarrillos Marlboro.
- Romper a; empezar a.

- Rompespalda; el juego del burrito. Se jugaba en la escuela superior.
- Rompeyraja; algo repentino. De manera brusca.
- Ron caña; ron clandestino, hecho en casa.
- Roncha; inflamación de un sitio en la piel a causa de una picada o reacción alérgica.
- Rufo; anglicismo proveniente de la palabra "roof". El techo.
- Rumba; ritmo afroantillano con origen en Cuba. También se le dice a una golpiza.
- Rumbón; una fiesta donde se toca rumba.
- Sabe como gente grande; astuto.
- Sacacuernos; la ventana del techo de los carros.
- Sácamelo pa' dentro; se dice cuando una persona no se decide a hacer algo o quiere complacer a muchas personas a la vez. Expresión inventada por mis amigas de Orlando, Michelle y Lourdes.
- Sacaron a Satanás y dejaron al diablo; se dice cuando reemplazan a un empleado malo con otro peor.
- Sacar pecho; ser valiente. Responder a un reto.
- Sacarle el cuerpo a alguien; alejarse de alguien.
- Sacar por el techo; enfurecer a alguien.
- Saco e cuejno; insulto a una persona cuyo cónyuge le es infiel.
- Safia; persona que no respeta.

- Sajna con gusto no pica; describe algo que nos da más placer que lo que nos jode.
- Sal pa fuera; un problema dentro de una multitud. Puede referirse a una pelea.
- Salapastroso; persona repugnante. Sucio.
- Salen al puño; se dice de dos personas que si pelearan, estarían a la par.
- Salir de algo; deshacerse de algo. Venderlo.
- Salir por el techo; enfurecerse.
- Salirse con la suya; cuando las cosas salen como uno las planea.
- Salsa; música afroantillana cuyo máximo exponente es Puerto Rico.
- Salteao; sin orden específico.
- Sambo; persona que camina con los pies hacia adentro.
- Sambuirse; meter la cabeza y el cuerpo completamente dentro del agua.
- Sampar; tirar, meter.
- San Lorenzo, sopla sopla y hecha viento; así se le dice al viento cuando una va a elevar chiringas.
- Sancocho; un caldo hecho con carne de res y vegetales.
- Sángano; tonto.
- Sangrigordo; persona que cae muy pesada.
- Santiguar; mezcla de sobo y oración que se le hace a personas cuando se dislocan una coyuntura. Hecho por

curanderos de pueblo. La mejor de todos los tiempos fue Lola Lorenzana, de Ciales.

- Sarandear; sacudir de manera juguetona.
- Sasonao; que tiene condimento. Embriagado.
- Se acabó el pan de piquito; se acabó la fiesta. Se dice cuando la parte fácil se acaba.
- Se acabó lo que se daba; no hay nada más. Se dice también cuando se acaba un evento.
- Se acabó la guachafita; se acabó el abuso o el relajo.
- Se acuesta con las gallinas; se acuesta a dormir temprano.
- Se botó; se dice de alguien que ha hecho un buen trabajo.
- Se cuitió; se rindió o dejó de hacer algo. Anglicismo proveniente de la palabra "quit", que significa dejar o desistir.
- Se formó la de San Quintín; se formó un problema grande.
- Se formó la tángana; se formó un problema.
- Se fue en volanta; se lo llevó enredado.
- Se le fue la guagua; se dice de alguien que se ha vuelto loco.
- Se le pegaron las hormigas; lo picaron las hormigas.
- Se le quedó la ropa; se dice cuando la ropa le deja de servir a alguien.
- Se le safó un peo; se le salió un pedo involuntariamente.
- Se le selló el culo; se asustó de gran manera.

- Se le subió el africano; se puso de mal humor.
- Se le subió la administración; se enfureció.
- Se le viró la tortilla; se le acabó la buena suerte.
- Se lo llevó enredao; lo atropelló.
- Se lo sacaron del buche; se dice cuando un equipo que estaba perdiendo la competencia, termina ganado.
- Se lo vio; se le dice a un joven adolecente cuando no puede parar de reírse.
- Se lució tayote; se le dice a una persona cuando está actuando inmaduramente.
- Se me llenó el cuarto di agua; estoy en medio de una situación complicada.
- Se murió; se dice de alguien que se ha tirado un peo muy apestoso.
- Se pasa del tingo al tango; persona que siempre está yendo a diferentes lugares.
- Se pusieron los huevos a peseta; la situación ha empeorado.
- Se pusieron los huevos a peso; la situación ha empeorado.
- Se puso con cosas; persona que se torna irrespetuosa.
- Se tiraron; llegaron los policías.
- Se va de lao; se dice de un hombre homosexual.
- Sea el beisbol; expresión de descontento.
- Sea la madre; expresión de descontento.

- Sedita; así se describe un trompo que no se siente en las manos o baila de manera estable.
- Sei; sí.
- Seis chorreao; estilo de música puertorriqueña.
- Sembrar la bola; lo mismo que donkear.
- Servirse con la cuchara grande; cojer más de los necesario.
- Seto; pared, muro.
- Si cocinas como caminas, me como hasta el pegao; un piropo dicho a una mujer que camina de manera muy sensual.
- Si la belleza fuera un pecado tú no tendrías perdón de Dios; piropo a una mujer muy linda. Se lo inventó mi gran amigo Iván Rivera, de Mayagüez.
- Si la muerte no te embellece no va a ver cura que te reze; se dice acerca de una mujer muy fea.
- Si lo ves, dale derecha; mantente alejado. También se dice acerca de alguien que está muerto.
- Si me copia breik; expresión usada por los aficionados a radios de onda corta para ver si hay alguien disponible para hablar.
- Si no gritas no mamas; si no te quejas, no obtendrás ayuda.
- Si se lo meten grita y si se lo sacan llora; se dice de una mujer a quien es muy difícil complacer.

- Si te coje sanidad te clausura; se le dice a alguien que se ha tirado un peo muy apestoso.
- Sicá; uno de los ritmos de bomba puertorriqueña.
- Siéntate en tu balcón y verás pasar a tu enemigo; se explica por sí solo.
- Siete potencias; un asopao hecho con una combinación de mariscos.
- Similñoco; objeto para el cual no se sabe el nombre.
- Sin cojones me tiene; no me importa.
- Sin tapujos; sin inhibiciones.
- Sin ton ni son; que no tiene ritmo.
- Sipitejna; objeto desconocido que se usa como parte de la expresión "me caso en la sipitejna". Se dice cuando se está molesto o frustrado.
- Siquitraque; petardo.
- ¡Só!; cállate.
- So-; "so mamao, so pendejo". Aumenta el impacto de la palabra cuando se usa antes de la misma.
- Sobaco; axila.
- Sobrao; extrovertido.
- Sócalo; el borde vertical de las losetas de piso.
- Socio; amigo.
- Soco; fundación de una estructura.
- Soltar prenda; revelar información.

- Sométele; se le dice a alguien para que se anime a hacer algo.
- Son muchos los hijo el muerto; significa que hay muchas personas relacionadas con un asunto.
- Sonso; tonto.
- Sonsonete; música repetitiva que molesta. A veces se dice que una persona sigue con el mismo sonsonete cuando repite la misma queja.
- Sopanda; es una especie de resorte en forma de láminas. Se usaba en vehículos antiguos para la supensión trasera y todavía se usa en equipo pesado.
- Sopapo; un golpe.
- Sopetazo; golpe fuerte.
- Soplar; revelar un secreto.
- Sopla viento; los muchachos en su pubertad dicen así cuando una muchacha con faldas pasa cerca de ellos. Quieren que sople el viento para que la falda se levante.
- Sopletear; tirar tiros con un arma de fuego.
- Soplón; persona que revela secretos con facilidad. Que no sabe guardar secretos.
- Soponcio; trastorno de salud que causa pérdida de conciencia.
- Sordo como una tapia; estar sordo.
- Sorullitos; frituras hechas con harina de maíz y queso.
- Soso; que no tiene sal.

- Sosquineao; mezcla de torcido y hechado hacia un lado. Palabra favorita de mi padre adoptivo, Freddy. ¡Te amo viejo!
- Sucaritas; cereal de maìz azucarado. "Corn flakes".
- Suelto y sin orquilla; sin control.
- Sumbar; tirar.
- Sumbarle un viaje a alguien; tirarle un golpe a alguien.
- Sutanejo; persona desconocida.
- Sutano; persona desconocida.
- Tablazo; golpe fuerte con una tabla. Tener sexo.
- Tácata; se dice para describir un golpe fuerte.
- Taíno; indio bueno o noble. Nuestros antepasados que habitaron la isla por miles de años.
- Tajo; herida o cortadura profunda generalmente hecha con un cuchillo.
- Talud; subida pequeña de ángulo agudo en el terreno.
- Tamborì; pez globo, según la gente en Mayagüez.
- Tángana; se usa para describir el sonido de un impacto. También significa un problema.
- Tanque; fango, lodo.
- Tapabocina; cobertizo de los aros de acero de un carro. Es un aditamento cosmético.
- Tapar el cielo con una mano; no aceptar la realidad.
- Tarralla; red usada para pescar.
- Tarrallazo; el acto de tirar la tarralla.

- Tartana; automóvil que ya está en malas condiciones.
- Tártaro; una persona buena.
- Tate; se le dice a alguien para que se esté quieto.
- Tato hablao; de acuerdo.
- Te cagaste fuera el pote; se le dice a una persona que ha perdido nuestra confianza por haber hecho algo mal.
- Te cagaste; se le dice a alguien que se ha tirado un peo bien apestoso.
- Te chupó la bruja; fallaste. Fracasaste.
- Te comieron los dulces; te ganaron.
- Te comieron el culito; manera vulgar de decirte que te ganaron.
- Te conozco bacalao, aunque vengas disfrazao; no me puedes engañar.
- Te cortaste las patas; ya no confío en ti.
- Te dormiste en los tres segundos; no te diste cuenta. Viene del baloncesto; cuando un jugador de la ofensiva se queda en la zona pintada por más de tres segundos, comete falta personal.
- Te la comiste; hiciste un trabajo excelente.
- ¿Te la das?; ¿quieres una cerveza?
- Te tengo una en remojo; me voy a vengar de ti.
- Tecata; heroína.
- Tecato; persona adicta a la heroína.

- Tejemeneje; movimiento de lado a lado que molesta. Problema.
- Tembleque; confección dulce, hecha con harina y coco.
- Temporal; tormenta.
- Tener algo planchao; tener algo planificado.
- Tener el pelo como crica e mona; tener el pelo muy alborotado.
- Tener malos cascos; tener mal temperamento.
- Tepe a tepe; lleno.
- Tereque; en Cayey se le dice así a personas de baja alcurnia o que son de vida alegre.
- Termo; un envase de aislamiento térmico de la marca "thermos".
- Terraplén; solar que ha sido convertido en una pequeña planicie. También es el nombre de la mejor agrupación musical de plena puertorriqueña, dirigida por mi gran amigo José, Pipo, Reyes.
- Tiene a chago en la puerta; tiene la bragueta abierta.
- Tiene guille de panadero; persona que le gusta tocar mucho a los demás.
- Tiene hormiguilla; se dice de alguien que no se está quieto.
- Tiene más leche que un palo e tetas; persona con mucha suerte. Se considera una expresión vulgar.
- Tiene más sombra que un palo e mangó; se le dice a una mujer que usa maquillaje de ojos de manera excesiva.

- Tiene un peo atorao; se dice de alguien que está obsesionado con algo.
- Timbales; cojones, guebos.
- Tin marín de dos tingües, cúcara mácara títere fue; se dice antes de escojer algo al azar.
- Tiquismiki; se dice de una persona que es muy engreída o caprichosa.
- Tira pa'lante; hecha hacia adelante.
- Tira y tápate; un juego en el que se le tira una bola a un grupo de personas y las personas a las que la bola le dé, van siendo eliminadas.
- Tirao'; bien vestido. También puede referirse a estar vestido de forma casual.
- Tirar bomba; no presentarse a un compromiso.
- Tirar un pescao; hacer una trampa o una traición.
- Tirarse a alguien; tener sexo con alguien.
- Tirarse al medio; sincerarse o revelar la verdad a cerca de uno mismo. Tirar a alguien al medio se refiere a revelar la identidad de una persona o alguno de sus secretos.
- Tirarse con to y tenis; actuar de manera entregada. La expresión hace analogía de tirarse al agua sin quitarse el calzado.
- Tirarse de pecho; arrojarse frente a una situación con valentìa; los boricuas somos famosos por este hecho.
- Tírate que está llanito; hazlo sin miedo.
- Tirijala; dulce típico puertorriqueño.

- Tìsico; persona tuberculosa.
- Títere; delincuente.
- Titererías; delincuencias.
- Titingó; problema.
- Tiznar; manchar con tizne.
- Tiznarse a alguien; tener sexo con alguien. Generalmente se dice de un hombre que tuvo sexo con una mujer.
- Tizne; la mancha del carbón.
- Tocineta; brincar cuica rápido.
- Toco palo; juego de esconderse en el que el objetivo es llegar a un lugar (generalmente un palo o árbol) sin que la persona designada te vea. En Mayagüez se le llama Vìctor palo.
- Todo es según el color del cristal con que se mira; se explica solo.
- Tofe; fuerte, con mucha musculatura. Anglicismo proveniente de la palabra "tough".
- Toletes; dólares.
- Tormentera; estructura pequeña enterrada en el suelo y donde las familias se protegían de las tormentas.
- Torta; techo de hormigón o concreto armado.
- Tortolo; un nudo que se le hace a los caballos en el labio para poder controlarlos.
- Tostón; rebanada de plátano aplastada y frita. También puede referirse a un problema o algo difícil.
- Toto o tota; la vagina de la mujer.

- Trabajo; maleficio o brujo hecho a una persona por un espiritista o santero.
- Trabuco; se dice que un equipo deportivo tiene un trabuco cuando sus miembros son excelentes.
- Tráfala; persona indeseable.
- Tragaldaba; se le dice a alguien a manera de insulto leve.
- Trágame tierra; se dice cuando se comete un error bochornoso.
- Trambo; trampa complicada. Viene de la palabra trambollín.
- Trambollín; una trampa elaborada.
- Tranca; un pedazo de madera que se usaba para mantener las puertas cerradas.
- Trancazo; un golpe fuerte con un pedazo de madera.
- Tránfuga; persona indeseable.
- Trangalanga; flojo, sin talento.
- Tranque; en el juego del dominó o dómino, se dice que un juego está trancado cuando todavía hay jugadores sin descargar fichas pero ninguna se puede jugar.
- Traqueadero; sitio donde se entrenan los gallos de pelea.
- Traquear; entrenar gallos de pelea.
- Traquetear; hacer transacciones ilegales.
- Traqueteo; una conmoción. Un evento ruidoso.
- Trascavito; anglicismo que proviene de la palabra "trascavator". Es una pieza de equipo pesado que se usa para mover tierra.

- Trasmallo; red usada para pescar.
- Trasmano; en el juego del dominó, se le dice a la persona que tiene el segundo turno.
- Trastazo; un golpe fuerte.
- Trastes; utensilios de cocina.
- Trasunto; parecido. Se dice que alguien tiene un trasunto a otra persona si se parecen.
- Trepando paredes; agitado o con ansiedad.
- Trepar; subir.
- Tres carajos me importa o me importa tres carajos; una manera vulgar y agresiva de decir que no me importa.
- Tres; instrumento parecido a la guitarra y al cuatro.
- Trifulca; trifurca, Pelea.
- Trili; de baja calidad.
- Trililí; de baja calidad.
- Trinco; tenso.
- Tripa de pollo; tira de tela usada para decoración.
- Tripleta; emparedado hecho con tres clases de carne.
- Trololó; el trasero o los genitales de una persona.
- Trompá; un puño en la boca.
- Trompetilla; un sonido hecho con los labios que se usa a manera de burla.
- Trompo; juguete que gira.
- Trompón; un golpe fuerte a la cara.
- Trulla; un grupo. También se refiere a una parranda.

- Tufo; mal olor.
- Tumba el guille; no seas tan alardoso.
- Tumbacoco; se le llama a vehículos con bocinas de alto poder usados en las campañas políticas.
- Tumbadora; una conga usada para llevar el ritmo.
- Tumbao; estilo de caminar.
- Tupido; congestionado.
- Turrumote; hinchazón en alguna parte del cuerpo. Puede referirse a un edema.
- Turuleco; torcido, loco.
- Tusa; lo que aguanta la semilla del maíz. En el pasado se usaba a manera de papel de inodoro. Puede utilizarse para describir a una persona indeseable.
- Un águila; astuto.
- Un arroz con culo; un desorden.
- Un bate; un cigarrillo de marihuana grande. También se le llama a un pedazo de papel pequeño con información que se usa para hacer trampa en un examen.
- Un buche; un bocado de algo líquido.
- Un cañon de leche; un vaso grande de leche.
- Un chililín; muy poquito.
- Un chispo; muy poca cantidad. También se le puede decir a una persona muy pequeña.
- Un chispito; muy poco.
- Un chistín; un poquito.

- Un cuero; una prostituta.
- Un dos de preso; un cigarrillo prendido al que ya casi no le queda nada.
- Un dos; así se le pide a alguien lo que sobra del cigarrillo.
- Un fracatán; una gran cantidad.
- Un ganso; mezcla de astuto y tramposo.
- Un gáret; un cigarrillo. Anglicismo proveniente de la palabra "cigarette".
- Un grullo; un cigarrillo de marihuana.
- Un la; una pista. Cuando alguien te pide un la, es que quiere le des una pista acerca de algo.
- Un lambìo e vaca; es un peinado en el que el pelo se mantiene mojado o aceitado con brillantina y que se peina para atrás o para los lados. Parece como si una vaca le hubiera lamido el pelo a uno; de ahì viene la expresión.
- Un leño; un cigarrillo de marihuana.
- Un moto; un cigarrillo de marihuana.
- Un palo de carretero; un trago de licor grande.
- Un palo; un trago de licor.
- Un paquetón; una gran cantidad.
- Un pescao; una trampa. Tirarle un pescao a alguien es hacerle una trampa.
- Un rollo e bolipul; en Mayagüez se le dice a una persona que es peligrosa o que puede traer problemas. El término refleja el hecho de que un rollo de bolipul constituye

evidencia de actividad clandestina y puede traer problemas con la ley.

- Un saco; una gran cantidad.
- Un tiempito; asi decía Clemente cuando le pedía dinero a alguien.
- Un tros; una gran cantidad.
- Una cama; hacerle una trampa a alguien.
- Una cojida; una trampa.
- Una criolla; una cagada.
- Una cuara; una peseta. Anglicismo proveniente de la palabra "quarter".
- Una dieta de muslito y pan; muslito pa qui, muslito pa ya y pan pan pan.
- Una flor; un piropo.
- Una fría; una cerveza.
- Una ganga; una venta a bajo precio.
- Una garambeta; se le llama a un tiro de baloncesto que es casi imposible.
- Una güelía; muy poquito.
- Una guiñá; cuando se le parpadea el ojo a una mujer para comunicarle que uno está interesado. También es un gesto de alarde de sabiduría o una seña de que se está mintiendo.
- Una mamada PBC; una mamada de pinga bola y culo, según alguna gente de Bayamón y Ponce. Pa' que goces.
- Una matá; una caída estrepitosa.

- Una mixta con pasajeros en los estribos; un plato de comida con arroz, habichuelas, carne, y dos pedazos de pan por el lado.
- Una mojonésima; una cantidad muy pequeña.
- Una paca; se refiere a un conjunto de billetes. Mucho dinero.
- Una pálida; cuando alguien tiene efectos adversos a causa de la ingestión de algún estupefaciente o droga.
- Una pela; una paliza.
- Una rueda; mil dólares.
- Una varilla; un cigarrillo de marihuana finito.
- Uno no sabe si venirse o si cagarse; manera vulgar de decir que se está indeciso.
- Unos cagaítos; calzoncillos usados.
- ¡Va!; de acuerdo.
- Va a toas; persona atrevida.
- Va que las pela; va muy rápido.
- Vaciar listas; trampa política hecha famosa en Puerto Rico por ambos partidos dominantes. Se cuentan los votos de personas que ya están muertas.
- Vagoneta; vago.
- Vale un guebo; es extremadamente caro.
- Vale un ojo e la cara; es muy caro.
- Vamo a vel de que correa sale mas fuete; un reto hecho a alguien con quien se quiere pelear.

- Vamo a vel si como ronca duerme; se le dice a una persona que habla mucho de lo peligroso que es. Es una invitación a pelear.

- Vamo a vel si es veldá que el gas pela; se dice cuando se acepta un reto.

- Vamo al mambo; vamos a empezar.

- Vamo allá; vámonos.

- Vara; instrumento largo usado para tumbar frutas de los árboles. También se le dice a un pedazo de madera largo en el que se monta un cerdo para asar.

- Varilla; pedazo de metal cilíndrico usado para reforzar las estructuras hechas en cemento.

- Vejestorio; algo o alguien muy viejo.

- Velando güira; esperando un momento oportuno y fácil.

- Venirse; tener un orgasmo.

- Vente aquí papotito; se le dice a alguien a manera de reto.

- Ventetú; una fiesta improvisada. Generalmente con música. Una rumba.

- Veo veo; un juego de adivinar lo que una persona ve en el que sólo se sabe la primera letra de la palabra.

- Vete al carajo; pedirle a alguien que se valla de mala gana.

- Vianda; raíces comestibles.

- Viento; ok.

- Vinil; venir.

- Virar huevos; no hacer nada.
- Viságara; el gosne que aguanta una puerta.
- Volando en cantos; estar muy arrebatado o bajo los efectos del alcohol o una droga.
- Volantìn; cometa hecha con la guajana de la caña.
- Volcao; estar borracho.
- Voló la cerca; se dice de una muchacha que se escapa a vivir con su novio.
- Volquera; borrachera.
- Volverse un ocho; estar desorientado o no saber qué hacer.
- Wácala; se dice cuando algo sabe muy mal. Una de las palabras preferidas de mi tía Cuki.
- Wepa; grito de fiesta Puertorriqueño. También se dice cuando uno se encuentra con alguien conocido en una fiesta.
- Warante; anglicismo proveniente de la palabra "warrant", que significa orden de arresto.
- Wikén; anglicismo proveniente de la palabra "weekend". Fin de semana.
- Wìpiti; se dice a manera de asombro.
- Ya mismo; dentro de un rato. En otros países ya mismo significa ahora.
- Ya yo fui y vine; yo tengo experiencia en la vida.
- Yagrumo; árbol nativo de Puerto Rico.

- Yagua; cáscara de la palma real usada para deslizarse por las laderas.
- Yale; mujer.
- Yanqui; norteamericano.
- Yautía; raíz comestible.
- ¡Y dale con el culo al seto!; se le dice a alguien cuando sigue hablando del mismo tema.
- Yemayá; deidad de la religión Yoruba asociada a la virgen de regla.
- Yerbajo; yerba mala.
- Yeyo; padecimiento repentino de salud.
- Yistro; anglicismo proveniente de la palabra "g-string". Es un panty muy provocador.
- ¡Y no cae un aguacero e mabí!; es otra forma de decirle a alguien que te gustaría lamerlo de arriba a abajo. Es un piropo muy sexual.
- Yo no soy pilar de agua bendita; yo no tengo que resolverte tus problemas.
- Yo te cojo bajando; me vengaré luego.
- Yonkeao; cansado, enfermo.Anglicismo de la palabra "junked".
- Yoruba; religión africana que dio origen a la santería.
- Yubá; uno de los tres ritmos de bomba puertorriqueña.
- Yuca; planta que produce la raíz comestible.
- Yugo; instrumento usado para controlar a los animales de arado.

- Yunta; un par.
- Zafacón; bote de basura. Se dice que la palabra es una aberración de una frase del inglés. Cuando los tiempos de la PRERA(Puerto Rican Emergency Relief Administration), los americanos le daban latas de manteca a la gente para que cocinaran y le decìan "save a can" para que guardaran la lata para la próxima vez. La gente al parecer las usaban como bote de basura y como no sabían decir "save a can", le pusieron zafacón porque sonaba parecido. Otra teorìa dice que el nombre proviene de las latas de insecticida que se usaban en el Caribe. Las latas tenìan el nombre "safety can" impreso en ellas.
- Zafra; la cosecha de la caña.
- Zancú; mosquito.
- Zapata; la parte de una estructura de concreto que está enterrada bajo la tierra. La base.
- Zapatearse; irse.
- Zape; se dice con energia y en voz fuerte para espantar gatos.
- Zarpazo; un ataque con garras.
- Zumbador; colibrí.

SUPERSTICIONES PUERTORRIQUEÑAS

Las siguientes son supersticiones puertorriqueñas que a través del tiempo he oìdo decir y visto practicar a mis familiares y amistades. Algunas de ellas son tomadas muy en serio. Generalmente son las mujeres puertorriqueñas las más adeptas a tener estas creencias y practicarlas aún hoy dìa. Espero que disfruten mucho al leer esta sección.

1. Nunca dejes que te barran los pies, pues si no, no te casas.

2. Las mujeres puertorriqueñas nunca ponen su cartera en el piso, porque dicen que se quedan sin dinero.

3. Siempre se prende una vela blanca en el baño el dìa del cumpleaños de un ser querido fallecido. (tradición de origen católico).

4. Cuando uno pasa por el cementerio, se hace la senal de la cruz. (de origen católico).

5. No se debe mirar la flor de la calabaza porque se muere la fruta.

6. El cuco; un personaje que se lleva a los niños que no se duermen temprano.

7. El vampiro de moca; hoy dìa se le llama el chupacabra. Se dice que era un animal que le chupaba la sangre a los animales del campo. La canción de plena "Santa Marìa" narra lo sucedido cuando un animal parecido atacaba a los animales y personas de aquel tiempo. La siguiente estrofa de la canción lo describe ; "tenìa cara de buey, el pecho de un toro bravo, tenìa patas de yegua, y yarda y media de rabo, y por eso Santa Marìa..."

8. El chupacabra; un animal que le chupa la sangre a los animales del campo y los mata. El mito se ha extendido a México y Estados Unidos de Norteamérica.

9. El jacho centeno. Segun mi tìo, el cuentista bonna fide Samuel Rosario, era un alma en pena buscando entrada al purgatorio. Navegaba la quebrada Rosario por la noche en una barca pequeña y con un jacho buscaba almas para llevarse con él. Era una tradición de nuestros familiares mayores llevarse a los niños para la quebrada para ir a buscar al jacho centeno. A veces alguien se vestìa con una sábana blanca y empuñaba un jacho para asustarnos a todos.

10. Cuando se le cae comida a uno al piso, hay gente que la recoje y se la come y dice; "pa' que el diablo no se rìa".

11. Tirar un cubo lleno de agua por la puerta del frente de la casa a las doce de la medianoche el 31 de Diciembre. Dicen que trae buena suerte para el año que viene.

12. El dìa de San Juan hay que tirarse de espalda 3 veces en la playa para limpiar el espìritu.

13. Dicen que si tocas un sapo y te orina, te salen verrugas. Esta superstición es prestada de los americanos.

14. Dicen que las salamandras mancan(inutilizan el brazo con que se tocan.)

15. Dicen que si tienes una infección de oìdo, el orìn de vieja te la cura.

16. Para raspaduras en la piel, debes dejar que un perro te lama.

17. No te bañes después de comer porque te da mala digestión.

18. Cuando los niños hacen maldades la virgen llora.

19. Si andas descalzo, te salen gusanos en los pies.

20. Si te das un golpe en un codo; pide un deseo y se te cumplirá. Hay quien dice que se debe jugar la lotería después del incidente.

21. Si un pájaro te ensucia, pide un deseo o juega la lotería porque es considerado buena suerte.

22. Si uno ve a un perro tratando de evacuar y está con alguien al lado, le agarra uno el dedo índice a la otra persona y lo hala para ver si el perro no evacúa.

JUVENTUD BORICUA

Tienen sueños y no son profetas,
miden los horizontes
a ver si aciertan,
escalan los montes
llenos de hierba
a ver si encuentran
su identidad perdida.
Es la juventud hermosa
de mi país, que anda herida.
Sin nortes ni sures,
que no buscan limosna.
Airados buscan algo que les guste
pero no hay quien les diga
ni siquiera en susurros
lo que es bueno al gusto.
Caras fugaces, de intriga,
las del día de la graduación;
es que me lleno de indignación
al saber que la mitad ellos
tendrán que guiñar los ojos
al probar el agrio festejo
de un mundo gobernado por locos.
Ironías de la vida;

que no queremos pasar la antorcha
para que otro le de gasolina.
Preferimos una vida muda y sorda
y no escuchar lo que el otro decía.
Quisiera ver la explosión
de una juventud enseñada
a triunfar del polvo y la nada
y sin imitación.
Sabemos que no escucharán
el gemido de un joven
que se quiere levantar,
pero si unimos las voces
y gritamos a todo pulmón;
"¡escucha mi reclamo
y tenme en cuenta en tu decisión!"
no habra gobierno ni cercado
que se resista al empuje
de un gigante dormido
que se despierta;
¡despierta joven Boricua dormido
y haz que tiemble tu tierra!

Raymond Giovanni Ramos Rosario

PA' LOS QUE CRITICAN
LA LENGUA BORICUA

Uno destos dìas, los cocorocos de las instituciones donde se enseña a lamber ojo profesionalmente, se van a dar cuenta de que se encuentran a treinta relevos e mula de la realidad del lenguaje que se habla en los blichel del caserìo, en la fábrica, en la placita e Santulce, en el "licuor", en la agencia hìpica, en la pisicorre de Río Piedras a la Inter y en la mesa e dominó en frente e la plaza el mercado. Que mientras se empesinan en rechazar la evolución natural del español Boricua, cometen a la vez lenguajicidio y marronean la cuña genocida del clasismo en el corazón de Puerto Rico; ¿cuándo van a hablar deso?¿Cuándo van a abrirle las puertas a la verdad de lo que es la LA LENGUA BORICUA; inclusiva y no clasista? Pero tienen miedo de que si hablan va y se les cae el kiosko, se les ponen los huevos a peso, para otro muchacho la abuela, y se les aparezca la abuela del pelo encaracolao en el batey; "hay que hecharle agua a las habichuelas compay, que se nos llenò el cualto di agua...". De aberraciones del latín están llenos los diccionarios de español, francés, portugués, e italiano. Nuestra alma, sin embargo, está llena de nuestro lenguaje; LA LENGUA BORICUA; ¡chúpate esa en lo que te mondo la otra!

Giovanni

EL AUTOR

Nacido en Rìo Piedras, Puerto Rico, en el 1969. Criado mayormente en Ciales, se destaca por su inteligencia sobresaliente desde muy temprana edad. Estudia sus años de escuela primaria en el Colegio Cristo Rey, La escuela Francisco Coira en Ciales, la escuela elemental del barrio La Pesa en Ciales con su maestra preferida Chanda Martìnez, el Colegio Nuestra Señora del Rosario en Vega Baja y Ciales, el Colegio Marista de Manatí (donde la Profesora Del Pozo le enseña a escribir poesìa), y "Astronaut High School" en Titusville, Florida.

Su preparación universitaria comienza en el 1986 en la "University of Central Florida" en Orlando, Florida. Termina su bachillerato en administración de empresas con concentración en mercadeo en la Universidad Interamericana de Puerto Rico en el 2003. Esporádicamente se matricula en cursos de interés personal y profesional como las ciencias, los bienes raíces, técnicas automotrices y puede que siga estudiando hasta que se vaya con los Panchos.

Se ha ganado la vida como técnico automotriz, en ventas, como intérprete de español e inglés, y hasta vendiendo jobillos a chavo en frente de la fábrica de tabaco en Ciales cuando era niño. Ahora tiene guille de escritor; quién sabe si la pegue.

La historia de su vida ha sido feroz; la pérdida de su madre a los 10 años de edad precipita períodos de rebeldía hacia los preceptos establecidos por la sociedad, marcados por tiempos de introspección y productividad intelectual.

Serrero en contra de la mentalidad retrógada y energúmena de los sistemas de prostitución de la libertad de pensamiento de las masas a los elementos de producción, siempre se ha rehusado a sucumbir a los mismos.

Ha sido más enamorao quel cabro e Totito, pero sólo ha amado a una mujer en su vida y aún la espera pa vel si algún día se puen tomar un buche e café juntos en el tope de la montaña de su tío Ozcar.

Ha perdío un montón de batallas, pero nunca se ha rendío en denguna guerra.

Amante empedernido del boxeo, los carros de carrera, la arquitectura de Gaudí, y del amor. Degustador de la poesía de Becquer, Neruda, Edgar Ramírez, Corretjer, Roy Brown, El topo, Glenn Monroig, Manzanero, Don Tite, Vizcarrondo, Pales Matos, Pedro Hernández, Rexach, Julia de Burgos, Llorens, etc.

Amante de la rumba callejera hasta la muerte; "un dos,,, un dos tres..." Le gusta el Jazz, Pavarotti, la salsa vieja, salsa de los ochenta y noventa, Basia, Gabriela Anders, Maelo, Marvin, Diego "el cigala", La Pastori, Camarón, Rosario

Flores, Giovanni Hidalgo, Radio Voz en el Darlington en Rìo Piedras con Elliot Pizarro, Roy Brown, Tito Auger, El topo, Luz Esther, Luis miguel, Ricky Martin, Buika, Whitesnake, el rock viejo, etc.

Hoy reside en el estado de la Florida y sueña con lo que todo boricua en el extanjero sueña; su jaragual, su negra en el batey, su cría feliz, y una poca de música jìbara con los coquìs de fondo; coquì, coquì, coquì.....¡YO SOY BORICUA, PA' QUE TU LO SEPAS!!!!!!!!

www.ingramcontent.com/pod-product-compliance
Lightning Source LLC
Chambersburg PA
CBHW021235090426
42740CB00006B/540